KÖNIGS LERNHILFEN

Klaus Schenck

ABITUR BADEN-WÜRTTEMBERG 2018

PRÜFUNGSTRAINING DEUTSCH

Die komplette Vorbereitung in der Oberstufe
auf Klausur und Abitur

Bange Verlag

Über den Autor:

Klaus Schenck ist Oberstudienrat für Deutsch, Religion und Psychologie (Wahlfach) an der Kaufmännischen Schule / Wirtschaftsgymnasium Tauberbischofsheim. Er gestaltet eine „Deutsch"-Homepage (www.KlausSchenck.de) und betreute bis April 2014 die landesweit beachtete Internetschülerzeitung *financial t('a)ime* (FT) (www.schuelerzeitung-tbb.de).

Hinweis:

Eine Linkliste und weiterführende pdf-Dateien finden Sie unter
https://www.bange-verlag.de/kostenlose-downloads

1. Auflage 2016
ISBN: 978-3-8044-3227-7
PDF: 978-3-8044-5227-5
© 2016 by C. Bange Verlag GmbH, 96142 Hollfeld
Alle Rechte vorbehalten!
Fotos: Klaus Schenck
Umschlagfoto: Fotolia.com
Druck und Weiterverarbeitung: KOPA, Litauen

VORWORT   5

TEIL I: FIT FÜR DIE SCHULE   7

1. Hausarbeit (HA)   7
    1.1 Stellungnahmen nach Erstellen der Hausarbeit   7
    1.2 Allgemeine Regeln zu Hausarbeiten   9
    1.3 Schematische Übersicht Hausarbeit   11
    1.4 Zitatnachweise   11
    1.5 Literaturverzeichnis   15
    1.6 Urheberrecht bei Fotos   16
    1.7 Lernpsychologische Rocky-Tipps   19
    1.8 Hausarbeits-Tipps von Schülern für Schüler   26
2. Präsentationen/Referate   28
3. Klassenarbeiten (KA)   30

TEIL II: FIT FÜRS ABI   34

1. Interpretation zur Pflichtlektüre (Aufgabe I)   35
    1.1 Vergleich der drei Pflichtlektüren   36
    1.2 Schematischer Überblick und Zeitplan   41
    1.3 Vorbemerkung und Anforderungen   43
    1.4 Schriftlicher Teil: Werkvergleich Schüler-Lösung   43
2. Textinterpretation: Lyrik (Aufgabe II)   52
    Das Lyrik-Handwerkszeug   52
    2.1 Metrum   52
    2.2 Verszeilen   53
    2.3 Reim   54
    2.4 Epochen   57
    2.5 Schritte zum Lyrik-Erfolg   60
    2.6 Gedichtvergleich   67
    2.7 Naturlyrik   68
    2.8 Lyrik-Probleme   81
3. Textinterpretation: Prosa (Aufgabe III)   84
    3.1 Aufbau und Vorschlag eines Zeitplanes   84
    3.2 Schriftlicher Teil: Prosa Schüler-Lösung   85
    3.3 Prosa-Probleme   93
4. Essay (Aufgabe IV)   97

5. Textanalyse und Texterörterung (Aufgabe V)   98
   A Textanalyse   98
     1. Anforderungsprofil für die Textanalyse   98
     2. Zeit- und Seitenüberblick fürs Abitur   101
     3. Schriftlicher Teil KA   102
   B Texterörterung   110
     1. Aufbau einer Texterörterung (Abitur-Form vor 2013)   111
     2. Vorbereitung der Texterörterung (Abitur-Form vor 2013)   112
     3. Schriftlicher Teil der Texterörterung (Abitur-Form vor 2013)   113
     4. Texterörterung (Aufgabenstellung ab 2013)   123
     5. Aufbau Texterörterung (Aufgabenstellung ab 2013)   123
     6. Schriftliche Form (Aufgabenstellung ab 2013)   125
6. Tipps zu den einzelnen Abi-Aufgaben   132
7. Mündliches Abitur/Präsentationsprüfung   134

TEIL III: FIT FÜRS LEBEN   141

Ermutigungsrede einer Schülerin   141
Drei Jahre aus Lehrersicht   144
Uni-Tipps: Eine Studentin packt aus   146
Bewerbung: Kurz-Überblick   148
Nachwort   155

Liebe Schülerin, lieber Schüler,

dir fällt Deutsch – warum auch immer – nicht leicht? Du brauchst klare Strukturen, deutliche Motivation, hilfreiche Links? Dann liegst du mit diesem Buch genau richtig.

Alles ist ausgelegt auf das eine Ziel: Dir klar zu machen, wie etwas funktioniert. Dir zu sagen, wie du es packst, Sicherheit (nicht nur) im Fach Deutsch zu bekommen. Deshalb die Anrede mit „du" – wie auch bei meinen Schülerinnen und Schülern (wobei ich oft um der Kürze willen nur die männliche Form benutze). Deshalb die klare Ansage, als säßest du neben mir. Deshalb die verständliche Sprache, damit du sofort kapierst, was ich will, um dich ganz auf meine visualisierten Erläuterungen einzulassen.

Ich habe meine Schüler im Ohr: „Mensch, jetzt sagen Sie doch endlich, wie Sie's wollen. Dass wir's nicht drauf haben, wissen wir selbst, dafür brauchen wir Sie nicht!" Also: Weg, Lösung, Übertragbarkeit stehen im Zentrum! Ich beantworte dir die Fragen, die ich Jahr für Jahr gestellt bekomme: Welche Taktik hier und welche Strategie dort? Wie viele Minuten für diesen Teil und wie viele Seiten? Alles nur Vorschläge, aber sie geben dir Orientierung. Jetzt ist dir schlagartig möglich, deinen eigenen Weg zu finden, deine eigenen Schwerpunkte zu setzen, dein eigenes Ziel zu packen!

Klaus Schenck und Debora Eger

Es brennt, es ist Abi-Jahr, es muss was passieren! Ich erkläre dir die Hausarbeit, die verschiedenen Aufsatzarten im Deutsch-Abi. Ich gebe dir strategische Tipps, besonders dann auch für die Präsentationsprüfung, zusätzlich Ratschläge und Beispiele zur Bewerbung. Das biete ich meinen Schülern, das biete ich dir, aber ich fordere von meinen Schülern: Ehrgeiz, Wille, Fleiß! Endlich einmal Verantwortung fürs eigene Leben übernehmen! Nicht nur zu sagen: Ich muss powern... Wer zwingt dich? Sondern sagen: Ich *will* powern, es ist meine Zukunft! Also, ich erwarte schon, dass du bereit bist ranzuklotzen, auch mal an deine Grenzen zu gehen. Für dich! Für dein Ziel!

www.bange-verlag.de/uploads/Abi_Trainer_BW/teamarbeit.pdf

Jetzt wirst du vielleicht sagen: „Schön, Junge, alle Lehrer glauben gut erklären zu können, aber die wenigsten können es!" Okay, manchmal können Schüler echt etwas besser erläutern als ich! Also habe ich mir eine Helferin genommen: Debora Eger hat 2014 bei mir Deutsch-Abitur gemacht. Sie weiß, wie Schüler ticken; sie weiß, was Schüler wollen! Wichtiger ist aber etwas anderes. Sie war ferner mehrere Jahre Chefredakteurin der Schülerzeitung *financial t('a)ime* (FT). Schülerzeitung funktioniert anders als Schule, Schülerzeitung heißt gemeinsam Ziele zu definieren, gemeinsam erfolgreich zu sein oder zu scheitern, gemeinsam vieles auf die Beine zu stellen. Und zu diesem Gemeinsamen gehört die gegenseitige Kritik, die den beratenden Lehrer nicht verschont – und genau das ist die Basis von Deboras und meiner Zusammenarbeit. Debora ist meine ebenbürtige, kritische Begleiterin, fast all ihre Kritikpunkte habe ich übernommen und aus Unklarheit wurde Klarheit.

Und noch jemand war treu an meiner Seite: der 16-jährige Golden Retriever Rocky, Schweizer Therapiehund (Hund von Schwester und Schwager). Rocky ist auf Menschenjahre umgerechnet über hundert, taub – kein Gewitter stört mehr – und manchmal ein wenig orientierungslos. Wir beide trotteten durch die wunderschöne Berglandschaft, er zwang mich regelmäßig nach draußen und es tat gut! Auf diesen gemütlichen Wegen konnte ich in aller Ruhe mir vieles durch den Kopf gehen lassen. Seine Hunde-Anhänglichkeit nahm dem Schreiben an diesem Buch seine Verbissenheit. Und das tat mir gut, dem Buch und durch viele Streicheleinheiten auch dem Hund!

Therapiehund Rocky wird dir nach dem Kapitel „Hausarbeiten" lernpsychologische Tipps geben. Diese maile ich immer meinen Schülern in deren Verzweiflungsphase während ihrer ersten großen Hausarbeit in der 11. Klasse. Ich weiß, wie viele Schüler in dieser durch mich verursachten „Schul-Dunkelheit" Rocky in ihr Herz schließen und ihn beneiden, einfach Hund sein zu dürfen! In diesem Buch wird Rocky da sein, um dich kurz zwischen all den deutsch- und schulschweren Sachen zu erfreuen, abzulenken und spüren zu lassen: Diese Welt des Unbeschwerten gibt es auch noch – trotz Abiturvorbereitung!

Mit Therapiehund Rocky rufe ich dir zu: **„Gib alles, kämpf, geh an deine Grenzen – aber vergiss Freude, Entspannung, kurze Unbeschwertheit zwischen all dem Lernen nicht!"**

Klaus Schenck

TEIL I: FIT FÜR DIE SCHULE

1. Hausarbeit (HA)

Sicherheit in Hausarbeit (im Folgenden oft HA abgekürzt) und Sicherheit in Präsentationen sind mit das Wichtigste, was dir die Schule bieten kann, soll, muss! Wenn du später studierst (egal, ob Fachhochschule, duale Ausbildung oder Universität): Hausarbeiten verfolgen dich, Präsentationen werden von dir erwartet. Selbst im späteren Berufsleben kommst du nicht um Präsentationen herum. Wer ohne Hausarbeitsübung, ohne Präsentationstraining die Schule verlässt, läuft ins offene Anforderungsmesser! Das meine ich jetzt wirklich ernst! Hausarbeit und Präsentationen sind das, womit ich meinen Schülerinnen und Schülern Zukunftschancen gebe! Auch wenn die Korrektur mich Ferien kostet und zunächst auch Schüler-Sympathien!

Also, das Hausarbeits-Kapitel ist nicht umsonst so groß. Ich versuche dir alles Entscheidende in formaler Hinsicht zu geben. Nimm jede Chance wahr, während der Schulzeit eine Hausarbeit zu schreiben!

Bist du ein Hausarbeits-Küken, lies die Stellungnahmen meiner 11.-Klässler, die ihre erste Hausarbeit hinter sich gebracht haben (vgl. S. 8 f.). Für die meisten war es der Horror! Die zweite Hausarbeit (GFS [Gleichwertige Feststellung von Schülerleistungen] = kürzere Seminararbeit) ruft in der 12. Klasse und manchem dämmert dann, wie viel er schon in der 11. Klasse gelernt hat. Wieder lasse ich meine Schülerinnen und Schüler zu Wort kommen, sie sind überzeugender als ich!

1.1 Stellungnahmen nach Erstellen der Hausarbeit

Dieser persönlichste Teil am Ende einer jeden Literaturhausarbeit in Klasse 11 ermöglicht, seinen Gefühlen, seiner Verzweiflung, seinem Frust freien Lauf zu lassen. Dies spiegelt auch die Sprache wider!

Stellungnahme von Johannes:

„Boahh, war des schlimm, ey. Ich bin sooo ein dummer Idiot, echt. Ich bin so faul, des gibt es gar nicht. Da nimmt man sich vor, den Bonustermin zu erreichen und was schafft man bis dahin? Ja, richtig, man liest des verkackte Buch und bekommt seinen Arsch sonst nicht hoch, um was zu schreiben, da ja Ferien sind.

Warum nur????!! Und dann sieht man, wie ein Drittel der Klasse schon fertig ist und man selber noch nicht mal, ja, noch nicht mal des Deckblatt hat. Oh Gott, nicht mal des Deckblatt, sowas ist einfach nur megapeinlich.

Natürlich kommt man nach den Ferien zurück in die Klasse und wird gefragt, wie weit man schon ist und mit einem Lachen im Gesicht sagt man: Noch nichts, aber des Buch hab´ ich schon gelesen. Optimismus in aussichtsloser Lage, täte ich mal behaupten. Natürlich sucht man sich Gleichgesinnte und denkt sich, ja, die haben auch noch nichts, dann ist es nicht so schlimm. Aber es ist SCHLIMM!!

Dann muntert man sich auf, denn es sind ja immerhin noch drei Wochen bis zum End-termin. Und schließlich, nachdem alle dich schon ausgelacht haben, beginnst du knappe zwei Wochen vor dem Abgabetermin.

SUBAA SACHE ist des. Dann machst du des Deckblatt an einem Tag und feierst dich. Am nächsten Tag kommst du in die Schule und gibst an, wie viel du geschafft hast. So bleiben dir auf einmal nur noch zwei Wochenenden und du merkst, dass du es richtig verschissen hast. Am ersten von den zwei Wochenenden, die dir bleiben, setzt du dich hin und kommst sogar voran. Doch genau dann, als du denkst, es läuft, hast du einfach keine Lust mehr und denkst dir, morgen mach ich dafür mehr. Am nächsten Tag sind dir deine Freunde wichtiger und du wirst jederzeit vom Handypiepton abgelenkt, da genau an dem Tag alle dir eine Nachricht schicken wollen, wieso auch immer, und du denkst dir, ob du schon immer so FAME warst…"

→ http://www.bange-verlag.de/uploads/Abi_Trainer_BW/g08-stellungnahmejohannes leiden_bearb.pdf

Stellungnahme von Kristina:

„… Ich weiß überhaupt nicht, womit ich anfangen soll?! Also: zuallererst möchte ich eins betonen: SPEICHERN, SPEICHERN, SPEICHERN! Mir ist etwas passiert, was nicht hätte sein müssen und mir sehr viel Zeit nahm. Ich habe nur auf meinem Computer die Datei gespeichert. Und das war mein riesengroßer Fehler, vor allem, weil unser Deutsch-Lehrer uns ständig gewarnt hat. Naja, und dann ist es passiert …

Mein Vater, da er sich so gut mit Computern auskennt, drückte auf „Systemwiederher-stellung" und alles war weg. Einfach alles! Ich habe mir die Seele ausgeheult! Und das Schlimme daran war, dass ich niemandem dafür die Schuld geben konnte. Ich hätte es wissen müssen. Seit November saß ich an dieser Hausarbeit und hatte bereits 12 Seiten verfasst! Und mit einem 'Klick' war die gesamte Arbeit gelöscht. Nun, bis zum Bonustermin hatte ich noch knapp eine Woche Zeit. Natürlich schaffte ich es nicht, denn es hat schon

viel Zeit gekostet, auch nur die gesamten Programme, wie Word etc., zu installieren. Also fing ich erst nach Silvester, nachdem ich mich mit der Tatsache abgefunden habe, dass alles weg ist und ich keine andere Wahl habe, mit der 'neuen' Hausarbeit an…"

→ http://www.bange-verlag.de/uploads/Abi_Trainer_BW/g08-stellungnahmekristinalei den_bearb.pdf

Stellungnahme von Nicole:

*„… Ich weiß noch genau, wie alles angefangen hat, und zwar mit dem Wort „Einleitung",
meine Gedanken, während ich die Einleitung schrieb, waren ungefähr ‚wird schon nicht so
schwer sein', ‚wenn ich mich jeden Tag hinsetze, bin ich in ungefähr einem Monat fertig' :D.
Im Nachhineinmuss ich wirklich über mich selbst lachen, seine ‚vier Buchstaben' auf den
Stuhl zukriegen, um eine Charakterisierung von ‚xyz' zu schreiben, während der Weih-
nachtszeit, während alle gemütlich vor dem Fernseher sitzen, um die typischen Weihnachts-
filme zu schauen mit den leckeren Weihnachtsplätzchen... Hach, wie oft ich einfach nur
hätte heulen können! Und dann die aufbauenden Worte meiner Mutter, ‚das wird schon,
Nicole'… Ich hätte heulen können!..."*

→ http://www.bange-verlag.de/uploads/Abi_Trainer_BW/g08-stellungnahmenicolelei
den_bearb.pdf

1.2 Allgemeine Regeln zu Hausarbeiten

Erfahrungsregeln (meist ignoriert, oft bewahrheitet!):
- Viel früher als man Lust hat, mit der Hausarbeit beginnen.
- Faustregel: eigene Zeiterwartung x 2!
- Wut, Tränen, Verzweiflung sind bei der ersten Hausarbeit normal, bei der
  zweiten sollten sie nicht mehr so gehäuft auftreten, bei der dritten ist man
  Profi!
- Zorn auf die Schule, Wut auf den Lehrer, Hass auf den Computer gehören
  teilweise auch zum Hausarbeiten-Erstellen.
- Das Internet bricht genau dann zusammen, wenn man sich kurz vor knapp
  entschlossen hat, mit der Literatur-Recherche im Internet zu beginnen.
- Das Internet ist frustrierend: Entweder findet man nichts oder man findet zu
  viel, aber man findet nie alles so, wie man es sich wünscht!
- Die technischen Probleme sind meist viel größer als man denkt!
- Der Blitz, den es pro Jahr drei- bis viermal gibt, schlägt hundertprozentig drei
  Tage vor der Hausarbeitsabgabe in deinen Computer ein!
- Die Druckerpatrone ist stets am Wochenende oder nach Ladenschluss leer.
  An Ersatzpatronen hat man noch nie einen Gedanken verschwendet und beim
  Ausdruck der Hausarbeit morgens (vier, fünf Stunden vor der Abgabe), stellt
  man fest, dass man nur noch wenige Blatt Papier hat.
- Während die Mitschüler ihre Arbeit schon nach vorne zur Abgabe bringen,
  stellt man fest, dass dies und das noch fehlt, was dann von Hand eingetragen
  wird – ein „No-go"!
- Zentralster Hinweis: Sichern, sichern, sichern! Automatisches Sichern bei der
  Arbeit einstellen. Sichern auf Stick, CD, Cloud oder externer Festplatte. Und
  täglich sichern!!!

Tipps beim Abfassen:
- Erstelle dir unbedingt einen Zeitplan: Zeit für die Recherche, fürs Schreiben, fürs Überarbeiten des Geschriebenen, fürs Neuschreiben, fürs Korrigieren und Zeit für (mindestens) eine Person, die nochmals alles in Ruhe durchliest! (Rechtschreibung und Kommasetzung gibt es auch bei Hausarbeiten, eine Neuigkeit für viele Schüler!)
- Beginne mit dem Schreiben! Im Sinne des berühmten Kant-Textes zur Aufklärung: Habe den Mut, dich deinem leeren Monitor zu stellen!
- Pausen einplanen und auch freie Tage, damit sich alles setzen kann und man offen ist für neue Ideen.
- Stress als beste Arbeitsbedingung sollte sehr mit Vorsicht genossen werden. Im entspannten Zustand arbeitet unser Gehirn bis zu fünfmal effizienter!
- Schau dir Hausarbeiten anderer Schüler kritisch an, aber lass dich nicht gleich von der Hausarbeits-Länge, Layout und teilweise Niveau erschlagen. Sie hatten die gleiche Angst vor der ersten Hausarbeit wie du!

WARNUNG

Uni-Professoren-Warnung:
Am ehesten macht man Selbstverständlichkeiten falsch! Erst neulich erzählte mir eine Studentin wieder, dass sie ihre Hauptquellen, auf die sie sich stützte, in der Literaturliste vergessen hatte – fiel ihr erst ein, als der Teil im Druck war ... die zweiten 100 Euro hätte sie sich sparen können, wenn sie zum Bsp. das Vier-Augen-Prinzip angewendet oder die Arbeit einen Tag vor Abgabe zur Durchsicht fertiggehabt hätte.

BEISPIEL

Beispiele für gelungene Literatur-Hausarbeiten in Klasse 11:
→ http://www.klausschenck.de/ks/deutsch/hausarbeiten-kl11--12/index.html

1.3 Schematische Übersicht Hausarbeit

Hier für dich schnell eine sehr allgemeine, schematische Übersicht, die sich auf viele Hausarbeiten übertragen lässt:

– Deckblatt: schön gestaltet (der erste Eindruck!) mit allen notwendigen Angaben
– Inhaltsverzeichnis mit Seitenzahlen
– Einleitung (Beginn der Seitenzählung also hier S. 3)
– Hauptteil: Thema der Hausarbeit
– Schluss
– Literaturverzeichnis
– Selbständigkeitserklärung
– Beigefügte CD für Plagiatstest

1.4 Zitatnachweise

Einige Lehrer geben eigene Richtlinien an ihre Schüler weiter. Diese haben Vorrang vor den hier genannten. Alle anderen „Unwissenden" können beruhigt diese Regeln befolgen:

– Bei der Primärliteratur (Zitate aus dem zu untersuchenden literarischen Werk) genügt die Seitenangabe im Text der Hausarbeit.
– Jede Stelle aus der Sekundärliteratur, die du wörtlich zitierst, muss nachgewiesen werden. Wenn du Stellen sinngemäß übernimmst (auch ohne direktes Zitieren) müssen diese aufgeführt werden (Nachweis mit „vgl.").
– NEU: Zitatnachweis teilweise in den Text integrieren, also nicht nur als Fußnote! Bei längeren Verweisen aber mit Fußnoten arbeiten! Persönlicher Tipp: Lange Internet-Links werden in den Fußnoten aufgeführt!
– Fußnoten werden beispielsweise in Word automatisch nummeriert und positioniert. Fußnoten werden erstellt, indem der Befehl „Fußnote einfügen" aus dem Menü „Verweise" gewählt wird (Tastenkürzel: Strg + Alt + F).

Vergleich zwischen „alter" und „neuer" Zitierform:

Veraltete, aber noch immer korrekte Form:
Diese Form solltest du kennen, da sie dir in vielen älteren Sachbüchern noch begegnen wird. In Blick auf deine Hausarbeit: Unbedingt die Lehrkraft fragen, welche Form der Zitatbelege sie wünscht!

Jeder Titel, der zum ersten Mal genannt wird, wird vollständig zitiert.

BEISPIEL

Beispiel: „'Natur' kommt im Expressionismus fast ausschließlich in einem negativen oder zumindest desillusionierend-realistischen Zusammenhang vor (...)."[1]

Der Zitatnachweis in der Fußnote sieht so aus:
1 Blecken, Gudrun: Naturlyrik vom Mittelalter bis zur Gegenwart. Bange Verlag, Hollfeld 2012, S. 33.

Wird aus dem gleichen Buch direkt danach nochmals zitiert, genügt folgende Angabe:
2 Ders., S. 61.
(ders. = derselbe bzw. dies. = dieselbe oder dieselben)

Wird aus dem gleichen Buch weiter unten zitiert, kannst du die Quellenangaben folgendermaßen verkürzen:
10 Blecken, a.a.O., S. 53. (a.a.O. = am angegebenen Ort)

Wird aus mehreren Büchern des gleichen Autors (hier Blecken) zitiert, so kann der Titel verkürzt angegeben werden. Es muss auf jeden Fall ersichtlich sein, welches Buch gemeint ist.
Blecken, Liebeslyrik. S. 43.
Blecken, Naturlyrik. S. 87. (Zitat nur auf dieser Seite 87)
S. 87 f. (folgend = Zitat auf dieser und der nächsten Seite, also S. 87 und 88)
S. 87 ff. (fortfolgend = Zitat auf drei und mehr Seiten, also S. 87, 88, 89 und evtl. mehr)

Zitierweise „Neue Form"
Einführung in das „Autor-Jahr-System" (= das amerikanische System). Im Text (!) selbst wird hinter das zitierte Wort oder am Ende des zitierten Satzes (vor dem Punkt!) in Klammer der Autor, das Erscheinungsjahr des Buches und die zitierte Seite genannt.

Neue Form des Zitatnachweises am gleichen **Beispiel**:

BEISPIEL

„'Natur' kommt im Expressionismus fast ausschließlich in einem negativen oder zumindest desillusionierend-realistischen Zusammenhang vor (...)." (Blecken, 2012: 33)

FORMEL

Formel: (Nachnamen des Autors, Erscheinungsjahr: Seitenangabe)
Beispiel: (XY 2004: 87)

BEISPIEL

Elegante Form des Zitatnachweises am gleichen **Beispiel**:
„'Natur' kommt im Expressionismus fast ausschließlich in einem negativen oder zumindest desillusionierend-realistischen Zusammenhang vor (...)." Dafür finden sich
bei Blecken (2012: 33) anschließend einige wichtige Beispiele.

Bei dieser Form wird der Buchautor in den Sprachfluss integriert, aber gleichzeitig
hinter seinem Namen der exakte Zitatnachweis erbracht. Werden nur sinngemäß Informationen aus einem Buch des Autors (hier Blecken) entnommen, nennst du nur die
Seiten, die dir als Informationsquelle dienen, es handelt sich dabei aber nicht um präzise
Zitate. Solche allgemeine Informationsquellen liegen zum Beispiel bei der Darstellung
von der Biografie eines Autors vor. Diese allgemeinen Informationsquellen müssen benannt werden, und zwar mit „vgl.": Autor, Erscheinungsjahr und die Seiten, woraus du
die entsprechenden Informationen in dem entsprechenden Teil deiner Hausarbeit hast!
Beispiel: (vgl. Blecken 2012: 34–38)

Nochmals: Du hast die Quellen deiner Informationen nachzuweisen! Es genügt aber,
wenn du sie am Ende eines größeren von dir verfassten Abschnitts, den du selbständig
und deutlich unterscheidbar von der Informationsquelle formuliert hast, nennst. Bei
deutlicher Nähe zur Informationsquelle diese dann präzise nachweisen! Das nicht getan
zu haben, kann den Doktor-Titel (Stichwort: Plagiat) kosten!

BEISPIEL

Beispiel (Biografie eines Dichters/Schluss-Satz):
Die Informationen zur Biografie stammen von XY (2007: 35–79).

Zitate/Quellennachweise aus dem Internet
Grundregel:
Höchste Vorsicht bei Internet-Infos. Sie sind keineswegs auf Korrektheit und sach-
liche Richtigkeit durch einen Verlags-Lektor etc. überprüft!

WARNUNG

Ganz gefährlich:
Infos aus irgendwelchen Hausarbeiten von irgendwelchen Schülern, aber auch Studenten einfach übernehmen! Sich vorher genau die Homepage anschauen, auf der diese Hausarbeiten veröffentlicht werden! Wikipedia liegt meist richtig, ist aber keine wissenschaftliche Quelle! Hier noch ein **Uni-Prof-Hinweis**:
Für falsche Zitate – egal woher – trägt man selbst die Verantwortung, also auch die Konsequenzen!

Zitatnachweise bei Internet-Auszügen:

Hier ist vieles noch nicht geregelt, worauf Niederhauser (2006: 45) hinweist. Das Integrieren eines längeren Links im Textfluss ist Leser-unfreundlich. Auch tritt teilweise das Problem mit Seitenzahlen auf, die oft bei Internetauszügen nicht vorhanden sind, folglich funktioniert auch das „Autor-Jahr-System" nur begrenzt.[1]

Persönlicher Lösungsvorschlag:

Wird aus dem Internet zitiert oder das Internet als Informationsquelle angegeben, erscheint dieser oft lange Link als Fußnote. In der Fußnote wird wie folgt zitiert (Beispiel: Niederhauser [2006: 45]):

FORMEL

Formel:
Name, Vorname (Jahreszahl): „Titel". URL: Angabe der URL [Stand: Datum der Abfrage].
Bernhart, Toni (2004): „Josef Feichtinger zum 65. Geburtstag". URL: http://www.8ung.at/bernhart/prar/feicht.htm. [Stand: 22. November 2005]

TIPP

Wenn du etwas im Internet gefunden hast, sofort Internet-Adresse notieren!! Dahinter das Datum schreiben! Sich eine eigene Datei mit Internetadressen erstellen, in die jeder Link kopiert (!) wird, um Abschreibfehler zu vermeiden! Nochmals: Sofort das Datum dahinter schreiben! Schüler linken mit den Links: Sie schreiben bei allen Links das gleiche Datum hin, was ja nie und nimmer stimmt, aber den Lehrer beruhigt!

---

[1]   Niederhauser, Jürg: „Duden, die schriftliche Arbeit – kurz gefasst." Mannheim: Dudenverlag, 2006.

Zahl der Zitatnachweise/Quellennachweise pro Seite:
Das ist themenabhängig und lässt sich nur schwer sagen. Ich persönlich erwarte in WG 11 mindestens 1–3 Zitatnachweise, bei GFS' (= kürzere Seminararbeit in 12+13) sind es deutlich mehr, also mindestens 5–10.

1.5 Literaturverzeichnis

Dieses steht – vgl. 1.3 Schematische Übersicht – ganz am Ende deiner Arbeit. Hier musst du in alphabetischer Reihenfolge (Nachname des Autors) die Bücher anordnen. Allerdings ohne Seitenangaben, es sei denn, es handelt sich um Aufsätze oder Zeitschriften-Artikel, bei denen der Umfang anzugeben ist: zum Beispiel ..., S. 19–38.

Klarstellung: Das Literaturverzeichnis ist kein Zitat- oder Quellennachweis, das sind zwei Paar Schuh! Nochmals: Bei dem neuen Autor-Jahr-System ist natürlich die exakte alphabetische Reihenfolge der Autorennamen zentral! Die gesamte Sekundärliteratur muss alphabetisch geordnet sein!

Form-Vorschlag eines Literaturverzeichnisses für eine literarische Hausarbeit:
1. Primärliteratur
- Genaue (!) Ausgabe eines literarischen Werks nennen (Auflage nicht vergessen, wenn es nicht die erste ist).

2. Sekundärliteratur
- Verwendete Bücher, Aufsätze, Artikel aufführen
- Alles alphabetisch ordnen!

3. Internetadressen
- Alles alphabetisch nach Autoren anordnen!
- Notfalls nach Quellen (z.B. Wikipedia) anordnen. Es genügt aber nicht, einfach „Wikipedia" hinzuschreiben, der Link plus Datum gehören dazu (vgl. S. 14)!

4. Bildnachweise
- Alles alphabetisch ordnen, falls es geht! Da es sich meist um Internetadressen handelt, gilt die Regel von oben!
- Es ist kein Problem, die Bildnachweise auch in die Internetadressen (siehe 3./ direkt darüber) zu integrieren!

Beispiele für ein korrektes Literaturverzeichnis
→ http://www.bange-verlag.de/uploads/Abi_Trainer_BW/literaturverzeichnis.pdf

Selbständigkeitserklärung
→ http://www.bange-verlag.de/uploads/Abi_Trainer_BW/selbststndigkeitserklrung.pdf

Korrekturraster/Benotungssystem
→ http://www.bange-verlag.de/uploads/Abi_Trainer_BW/korrekturraster.pdf

1.6 Urheberrecht bei Fotos

Ich hatte zwei Unterlassungsklagen am Hals, weil Schüler urheberrechtlich geschützte Fotos in ihren Kopiervorlagen verwendeten. Natürlich handelte es sich aus meiner Sicht um Fallen (das Bild zeigte ein Kind mit einem Pflaster vor dem Mund), in die locker-flockige Schüler tappen, aber die Rechtslage ist nun mal so, wie sie ist, und in Schülerkreisen ist diese Rechtslage in Blick auf das Internet noch nicht vorgedrungen!
Ich füge hier die Antworten vom Jugendnetz Baden-Württemberg und der Universitätsbibliothek Würzburg ein, die ich in meiner Ratlosigkeit anmailte:

Antwort des Jugendnetzes

„Es ist vielen Menschen nicht bewusst, dass Bilder im Netz einen Urheberschutz haben. Ich glaube, das liegt auch oft daran, dass Jugendliche sich ständig in den Grauzonen YouTube und Facebook aufhalten. Lädt man dort urheberrechtlich geschütztes Material hoch, passiert erst einmal nichts. Bei YouTube wird ein Video vielleicht mal gesperrt, aber härtere Konsequenzen gibt es nicht. Dadurch wird dieser Sachverhalt eben auch nicht ausreichend verständlich dargestellt.
Wir verwenden gerne Bilder der kostenlosen Bilddatenbank www.jugendfotos.de. Es gibt aber auch noch pixelio.de und piqs.de und zahlreiche andere. Selbst bei google und Flickr kann man in der erweiterten Suche nach Fotos mit Creative Commons Lizenzen suchen, diese darf man auch verwenden (Urhebernennung usw.).
Wenn man mehr möchte, kann man in größeren Bilddatenbanken, wie z.B. Fotolia, nachschauen, dort bekommt man richtig gute Fotos je nach Größe schon zwischen einem und fünf Euro! Der exakte Foto-Nachweis ist immer selbstverständlich!"[2]

---

2   Januar 2014

Antwort der UB Würzburg

„...Ich habe mich nun bei uns im Haus umgehört. Leider kann ich Ihnen keine große kostenlose Bilddatenbank aus dem Uni-Bereich nennen. Die UB baut gerade die Bilddatenbank Pictothek (http://vb.uni-wuerzburg.de/ub/index.html) auf, die Druckgrafiken enthält. Vielleicht ist da die eine oder andere Grafik dabei. Ich persönlich verwende für unsere Materialien ähnliche Quellen wie das Jugendnetz: viel pixelio.de und commons. wikimedia.org (mit CC-Lizenzen). Außerdem kann man auf der Seite Creative Commons (http://search.creativecommons.org) auf verschiedenen Plattformen (z. B. pixabay oder auch der Europeana) nach Inhalten suchen, die unter einer CC-Lizenz stehen. Man muss aber trotzdem immer nochmal nachkontrollieren, ob die Lizenz passt.

Meiner Kollegin aus der Abteilung Handschriften und Alte Drucke sind noch Portale wie die Deutsche Digitale Bibliothek (https://www.deutsche-digitale-bibliothek.de) oder das Projekt digicult (http://www.digicult-verbund.de) eingefallen...“[3]

TIPP Macht bei Fotos in euren Arbeiten Gebrauch von den eingeschränkten Nutzungsrechten, ihr erspart euch viel Ärger und finanzielle Verluste!

Jugendseite zum Urheberrecht

An unserer Schule hatten wir den Leiter des Kreis Medien Zentrums Tauberbischofsheim, Ulf Neumann, zu Gast. Unser Computer-Verantwortlicher Tobias Haas verarbeitete dessen Hinweise zu einer Jugendseite für *TBB AKTUELL* (Mitteilungsblatt der Stadt Tauberbischofsheim).

→ http://www.bange-verlag.de/uploads/Abi_Trainer_BW/jugendseite.pdf

---

3   Januar 2014

Mit uns nicht mehr! – Wir wissen jetzt Bescheid!

Was ist eigentlich ein Urheber und wozu dient das Urheberrecht?

„Ein Urheber ist der Schöpfer eines Werkes. Er ist derjenige, der beispielsweise einen Text geschrieben oder ein Bild gemacht hat. Das Urheberrecht verfolgt nun das Ziel, die Rechte an dem jeweiligen Werk zu schützen, welches man selbst geschaffen hat. Als Eigentümer des Werkes bzw. Urheber verfügt man über die Entscheidungsmöglichkeit. wie die eigene Arbeit genutzt werden darf, bspw. kann dies die Veröffentlichung, Verbreitung oder Vervielfältigung betreffen.“

Was ist im Urheberrecht erlaubt und was nicht?

„Laut Gesetz ist es verboten, Werke anderer ohne deren Erlaubnis zu nutzen. Hierbei gibt es jedoch Ausnahmen: Bedenkenlos dürfen Texte fremder Autoren mit Quellenangabe zitiert oder Bilder mit einem exakten Nachweis (Urheber: http://...[Datum]) in Seminararbeiten etc. verwendet werden. Ausgenommen sind hier die selbstgeschaffenen Werke. Auch ist es legal, eine Sicherheitskopie eigens gekaufter Datenträger zu erstellen, sofern diese keinen Kopierschutz haben.“

Copy & Paste – zwei Klicks die unseren beratenden Lehrer Klaus Schenck wegen zwei Unterlassungsklagen massig Geld kosteten. Grund: Schülerarbeiten auf der Deutsch-Homepage, die ein zunächst harmloses Foto von einem Teddybär vor einem Arztkoffer oder ähnlichem aus der beliebten Suchmaschine Google beinhalteten. Folge war eine Kontaktaufnahme per Mail einer Anwaltskanzlei mit der Aufforderung einer Einverständniserklärung des Eigentümers zur Verwendung des Bildes vorzulegen, ansonsten drohe eine Unterlassungsklage verbunden mit der Zahlung eines hohen Geldbetrages. Anwälte, die genau auf diesen kleinen Fehler junger Menschen spezialisiert sind, durchforsten das Internet nach Arbeiten, in denen ein urheberrechtlich geschütztes Foto verwendet wurde und verfolgen dies mit rechtlichen Schritten, oft zum Nachteil, wie in unserem Fall, von Schülern, denen nun nur noch Arbeiten mit eingeschränktem bildlichen Inhalt zur Verfügung stehen. Doch wie schütze ich mich genau vor einer solchen Unterlassungsklage? Was ist eigentlich das Urheberrecht und vor allem, welche Suchmaschinenergebnisse sind sicher? Diese und viele weitere Fragen hatten unsere Redaktion nach diesem Vorfall beschäftigt. Zusammen mit dem Medienexperten Ulf Neumann, Lehrer an einer Grundschule im Main-Tauber-Kreis und Leiter des Kreismedienzentrums Tauberbischofsheim-Distelhausen, gingen wir den wichtigsten Fragen auf den Grund. Nach einem aufschlussreichen Gespräch können wir nun sagen: Mit uns nicht mehr! Wir wissen jetzt Bescheid! Aus diesem Grund haben wir für euch auf dieser Seite die wichtigsten Fragen und Antworten zum Urheberrecht zusammengestellt, dass auch ihr nach dem Lesen des Artikels sagen könnt: Danke! Jetzt weiß auch ich Bescheid.

Wie sieht es urheberrechtlich mit der Veränderung von Fotos aus dem Internet aus?

„Grundsätzlich gilt: Eine Veränderung, mag es durch eine Beschriftung oder durch das Hinzufügen von Bildeffekten sein, hat keine Aufhebung des Urheberrechts zur Folge! Der Eigentümer besitzt auch weiterhin alle Rechte und kann, sofern er nicht zu Verwendung des Werkes zugestimmt hat, rechtliche Schritte dagegen einleiten.“

Tobias Haas

Welche Werke sind urheberrechtlich geschützt?

„Urheberrechtlich geschützte Werke müssen eine gewisse Schöpfungshöhe besitzen, sprich eine Idee, eine persönliche geistige Schöpfung. Hierzu gehören Werke der Literatur & Wissenschaft, Texte, Filme, Musik, PC-Programme, Zeichnungen, Pläne & Karten, Kunst- & Lichtbildwerke oder Lichtbilder, die zusätzlich noch dem Leistungsschutzrecht unterliegen.

Zu beachten ist: Die Schöpfungshöhe wird bei Bildern generell nicht berücksichtigt bzw. angefragt! Bilder sind IMMER vom Urheberrecht betroffen, falls nicht anders gekennzeichnet!“

Welche Internetseiten schützen mich nun völlig vor einer solchen Unterlassungsklage? Welche sind sicher?

„Um diesem Vorfall nochmals zu entgehen, sollte man Bilder, Grafiken etc. aus Google gar nicht mehr verwenden – außer, es wird in den Suchoptionen die Option „Für die Wiederverwendung gekennzeichnet“ ausgewählt. Somit werden alle Bilder entfernt, die vom Eigentümer nicht zur Weiterverbreitung gekennzeichnet wurden und die angezeigten sind bedenkenlos verwendbar. Weiterhin ohne jegliche Sorgen um eine weitere Klage können Bilder der Seiten pixelio.de oder piqs.de u.a. für das eigene Werk benutzt werden, da man hier die entsprechenden Nutzungsrechte für wenig Geld erwirbt. Zudem gibt es zahlreiche kostenlosen Bilddatenbanken wie z.B. www.jugendfotos.de. Beachtet man diese Hinweise, so wird es bei einer späteren Veröffentlichung der Arbeit im Internet keine weiteren Probleme wegen des Urheberrechts geben. Benötigt ihr Bilder für Präsentationen oder den eigenen nicht öffentlichen Gebrauch, so dürfen natürlich auch alle anderen Bilder verwendet werden.“

Artikel: Tobias Haas

1.7 Lernpsychologische Rocky-Tipps

Grüezi,
ich heiße Rocky, bin ein Golden Retriever und ein examinierter Schweizer Therapiehund. Seit vielen Jahren therapiere ich Menschen sowohl in der Schweiz als auch in Deutschland. Auch im Fernsehen war ich schon. Ich übernehme mal das Coaching für gestresste Menschen! Mein Ermutigungskonzept habe ich in den Schweizer Bergen entwickelt, konkret in Litzirüti im Kanton Graubünden. Ich gebe euch jeden Tag Tipps, wie ihr durchhaltet!

Tipp 1: Am Ball bleiben

Was hilft gegen blöde Hausarbeiten und langweilige Korrekturen?
Auf dem Foto wird es klar: Balli, Tierli, Leckerli!
Am Balli bleiben, nicht aufgeben!
Euer Rocky

Tipp 2: Pausen nicht vergessen!

Grüezi,
wie kommt ihr mit der Hausarbeit voran? Boah, bin ich froh, keine schreiben zu müssen, sondern nur coachen und therapieren zu dürfen!

Also, wenn ich dann hart mit alten Leuten gearbeitet habe, dann mache ich, wenn ich so richtig müde werde, eine Pause, ein Nickerchen und schon läuft die Arbeit wie von selbst!

FORMEL   Hier für BWL-Typen die Formel: **Arbeit + Pause = Leistung**

In diesem Sinne, die Pausen nicht vergessen!

Liäbi Grüess!
Rocky (Therapeut)

Tipp 3: Belohnung nicht vergessen!

Grüezi,

jetzt seid ihr mitten drin in eurer Hausarbeit und müsst euch motivieren, also hier kommen entscheidende Motivationsregeln, die ich selbst erprobt habe: Sie wirken!

Bei großen Therapie-Einsätzen über mehrere Tage, – und das ist wirklich anstrengend, Menschen sind anstrengend, besonders die schlecht gelaunten Klienten –, also bei solchen Einsätzen habe ich immer ein Belohnungsziel vor Augen: Nach harten Tagen darf ich einem Bergrennen zusehen, was ich sehr gerne tue. So lebe ich auf dieses Event zu und halte die harten Tage durch.

Auch am Tag gönne ich mir immer freudige Sachen, also konkret: Nach vier Stunden Arbeit darf ich mit dem kleinen Mädchen aus dem Sportheim spielen. So ein Ziel motiviert mich, die Aufgabe in diesen vier Stunden zu erledigen.

Schlaue haben sicher bemerkt, dass dies eine Form von einer langen Pause ist, verbunden mit Belohnung, aber die soll dann auch richtig genossen werden, das sieht man an den Fotos!

Für BWL-Regeltypen: Klaren Zeitplan, ab spätestens vier Stunden die Aufgabe abbrechen und sich die Belohnung gönnen. Wer weiter arbeitet, hat nur Frust! Dann versucht man aber umgekehrt bis zu dieser Uhrzeit einen gewissen Arbeitsschnitt zu erreichen!

Nochmals:
– **Zeitplan einhalten,**
– **Belohnung genießen, voll entspannen, Arbeit vergessen,**
– **dann wieder mit klarem Kopf sich voll der Arbeit hingeben!**

Motivationsgrüße aus Bergeshöhen!
Rocky (Therapeut)

Tipp 4: Raus an die frische Luft!

Grüezi,
jetzt komme ich zu meinem Leib-Thema: Sport! Boah, die Menschen sind so faul, die muss ich täglich ausführen, sonst hängen die nur blöd auf der Couch rum oder sitzen dumm hinter dem Computer anstatt mit mir zu rennen!

Und bis die Menschen morgens in die Gänge kommen, das ist ja unglaublich. Ich bin schon um sechs Uhr fit, da liegen die Menschen noch im Bett. Aber dank mir nicht mehr lange. Meine Schnauze ist der beste Wecker, da schläft niemand mehr weiter!

Ich, euer Therapeut, sage euch: Ihr müsst unbedingt jeden Tag raus, am besten gleich morgens. Beim Dauerlauf lässt sich wunderbar nachdenken, beim Dauerlauf habt ihr die besten Ideen! Auf, raus, an die frische Luft! Ihr habt danach den richtigen HA-Power und -Optimismus.

Also, ich gebe euch drei Beispiele: Ich bin für den Frühsport. Sich mal auf der Wiese austoben, ist auch nicht schlecht. Oder mal am Wasser entlang laufen, das entspannt.

Nochmals, Therapeuten-Tipp: Raus ins Freie!!! Jeden Tag!! Und eure HA legt automatisch einen Zahn zu!!!

Liäbi Grüess!
Rocky (Therapeut)

Tipp 5: Gesunde Ernährung für euch!

Grüezi,
nun noch einen weiteren Aspekt: Die Ernährung! Für die vom Sprach-Gymi kratze ich mein letztes Hundelatein zusammen:

> plenus venter non studet libenter!
> Auf gut Deutsch: Ein voller Bauch studiert nicht gern!

Also, ich denke, ich brauche euch gar nichts mehr erklären: Den Hamburger dann als Belohnung **nach** der Hausarbeit (also als Pausen-Event, siehe Tipp 3)! Aber nicht **vor** der Hausarbeit!!! Lebt gesund, Leute, wenn ihr große Taten tun wollt/müsst!

Hier meine Regel für BWL-Typen:
**Euch gesundes Hasenfutter auf den Teller,
mir aber saftiges Fleisch in den Napf!**

An die Regel denken, besonders
an die für meinen Napf!

Liäbi Grüess!
Rocky (Therapeut)

Tipp 6: Gebt alles – kämpft!

Grüezi,

nun gehen die Ferientage dahin,
viele haben vermutlich zu spät
angefangen und kommen nun in
Panik, das kenne ich aus meinen
Therapiegesprächen! Manche haben sich festgebissen und kommen nicht mehr aus dem Schlamm
heraus, mir auch vertraut!
Bei meiner Ausbildung hörte ich
folgende Geschichte:
Zwei Frösche fielen in einen Milch-
topf. Der eine gab auf und ertrank,
der andere strampelte, kämpfte um sein Leben, gab alles und die Milch wurde zu Butter
und er war gerettet!

Kämpft, geht an eure Grenzen, quält euch! Nicht im Schlamm der Trübsal, des Selbstmitleids versinken, sondern alles geben! Und ihr werdet euch nach gewisser Zeit freischwimmen, könnt stolz auf euch sein und alles genießen! Kommt, seid nicht verzagt, strampelt, lasst die HA-Milch zu HA-Butter werden und ihr werdet den HA-Topf als Sieger verlassen! Liäbi Grüess!
Rocky (Therapeut)

Tipp 7 (Wiederholung): Vergesst die Pausen nicht!

Grüezi,
hier ganz, ganz schnell eine Wiederholung: Ihr seid ja mordsmäßig im Stress, um den Bonus-Termin noch zu packen!

Vergesst die Pausen nicht! Der Weg ist lang, der Weg ist steil. Nach 1,5–2 Stunden eine kurze Pause machen und schon kann es frischen Mutes weitergehen! Nach 3–4 Stunden eine längere Pause, also mal für eine halbe Stunde richtig abschalten, danach seid ihr wieder so motiviert und guter Laune wie ich!

Jetzt kommt nur noch eine Ermutigung – ich bin ja schon sehr alt, die Mails strengen an –, aber dann sind auch eure Ferien fast zu Ende!

Durchhalten, Schritt für Schritt vorgehen und immer mal eine kreative Pause machen, dann wird das was!!!

Liäbi Grüess!
Rocky (Therapeut)

Tipp 8: Durchhalten!

Grüezi,

das ist nun meine letzte Mail, vermutlich auch meine letzte Therapie-Einheit bei Menschen. Ich bin schon extrem alt, umgerechnet über hundert Menschenjahre! Jahrelang Therapien in Heimen mit griesgrämigen oder verbitterten Menschen, ihnen einen Hauch von Lebensfreude, Spaß und Lachen zu entlocken, ist anstrengend! Menschen sind wirklich anstrengend.

In meiner Therapeuten-Ausbildung vor zwölf Jahren bekamen wir auch zentrale Lebensregeln für Menschen vermittelt. Da diese Mail die letzte sein wird, hier die Motivationsformel von Saint-Exupéry, der im Zweiten Weltkrieg bei einem Aufklärungsflug verschollen ist: Er ist der „Vater" von „Der kleine Prinz". Wenn Saint-Exupéry mich gekannt hätte, hätte er sicher mich anstatt des Fuchses gewählt, um den Erwachsenen den Spiegel vorzuhalten.

Hier seine Motivationsregel:
„Wenn Du ein Schiff bauen willst, dann trommle nicht Männer zusammen, um Holz zu beschaffen, Aufgaben zu vergeben und die Arbeit einzuteilen, sondern lehre die Männer die Sehnsucht nach dem weiten, endlosen Meer." (*Die Stadt in der Wüste/ Citadelle*)

Hier meine Motivationsregeln:
„Wenn ihr an die Spitze wollt, müsst Ihr die Sehnsucht nach der Spitze in euch tragen, sonst werdet ihr am steilsten Stück des Berges nicht mehr die Kraft zum Gipfel haben!" (Rocky)

Ihr seht mich auf unserer Dauerlaufstrecke im vollen Tempo den ganzen, weiten Weg die Sehnsucht im Herzen und den Power in den vier Beinen: Die Sehnsucht nach... Badi, Badi im Bergsee!

Für die Weite des Meeres, für die Höhe der Gipfel: Sehnsucht, Entschlossenheit und Durchhaltevermögen! Dann wird der Erfolg, die innere Beglückung nicht ausbleiben!

Liäbi Grüess!
Rocky (Therapeut)

Und mit diesem Link kannst du dir meine praxiserprobten Tipps auch ausdrucken und über deinen Arbeitsplatz hängen. So hast du mich und meine Tipps immer im Blick!

→ http://www.bange-verlag.de/uploads/Abi_Trainer_BW/rocky-tipps.pdf

1.8 Hausarbeits-Tipps von Schülern für Schüler

Tipp von Franziska

„… Abschließend hier noch etwas an alle zukünftigen 11er, die das hier nächstes Jahr vor ihrer eigenen Hausarbeit lesen dürfen:

Glaubt mir, eine Hausarbeit kann man nicht perfekt planen und es wird niemals so laufen, wie ihr es euch wünscht. Ihr werdet vor dem PC sitzen, die Sekundärlektüre verfluchen und … [eurem Lehrer] mindestens 20 E-Mails schreiben, wie ihr was machen müsst. Ihr werdet ein schlechtes Gewissen haben, wenn ihr mal nicht an eurer Hausarbeit arbeitet und eure Klassenkameraden drücken euch nochmal dazu eine rein, wenn sie euch erzählen, wie weit sie schon sind.

*Also mein Tipp an euch, wie ihr die Hausarbeit am besten angeht: **Geht gestresst rein und kommt gechillt raus**. Umso früher man anfängt und umso mehr man schon hinter sich hat, desto ruhiger wird es in den letzten Tagen vor der Abgabe, denn ihr seid schon mit dem Hauptteil fertig und müsst nur noch überarbeiten und verbessern.*

*Da ich aber genau weiß, wie man als Schüler ist, nämlich immer alles auf den letzten Drücker zu erledigen, wünsche ich auch euch hiermit viel Spaß bei eurer Hausarbeit. **Ihr tut mir jetzt schon leid!!"***

→ http://www.bange-verlag.de/uploads/Abi_Trainer_BW/g08-stellungnahmefranzi faust_bearb.pdf

Tipp von Kristina

„… Aber ich muss dazu sagen, dass ich viel gelernt habe. Es war eine gute Übung, auch wenn ich keine super gute Note bekomme. Denn ich weiß jetzt, was von uns verlangt wird und was alles auf einen zukommt. Man kann sich diesen Druck nicht vorstellen, ohne es durchlebt zu haben. Ich habe viele Storys gehört, wie schlimm es ist, aber ich konnte trotzdem nie vollziehen, was für sie ,schlimm' ist.

Jetzt weiß ich, was gemeint war. Es ist einfach der Druck und das schlechte Gewissen, was einen plagt, wenn man nicht an der Hausarbeit dran sitzt. Ich habe Erfahrungen gesammelt, und weiß, wo meine Schwächen sind. Ich muss bei der nächsten Hausarbeit alles schön durchplanen und mir nicht zu viel vornehmen, denn das deprimiert einen, wenn man es dann doch nicht schafft. Also, das ist schon mal sehr wichtig. Aber am allerwichtigsten ist es zu SPEICHERN! Mir wird sowas nie wieder passieren, da habe ich keine Zweifel.

Und was mir noch aufgefallen ist, und ich bin mir sicher, dass es vielen so ergangen ist, dass man sich nicht ablenken lassen darf. Am besten einfach alles ausschalten. Handy, Fernseher, Telefon und alles andere, was einen ablenken kann. Im Grunde wartet man nur darauf, dass man angerufen und gerettet wird.

Ich bin echt am Ende, ich sitze nun seit um vier Uhr an meinem Computer und kontrolliere meine gesamten Seiten. Ich habe seit vier nichts gegessen und möchte auch nichts essen, denn sonst bekomme ich mich nicht wieder an den Computer! Aber eins muntert mich auf, ich gebe sie morgen ab! Und dann sehe ich sie hoffentlich nicht so schnell wieder. Und bis dahin erhole ich mich von dem ganzen Stress…"

→ http://www.bange-verlag.de/uploads/Abi_Trainer_BW/g08-stellungnahmekristinalei den_bearb.pdf

Tipp von Stefanie

„*...Es gibt zwar nicht viel Gutes zu sagen, aber ich muss sagen, dass ich in den letzten Wochen unheimlich viel gelernt habe. Einerseits habe ich mich natürlich mit dem Werk und Drumherum auseinandergesetzt, andererseits habe ich wirklich gelernt an meine Grenzen zu gehen, bin wahrscheinlich noch ausdauernder geworden und kann schließlich unheimlich stolz sein, nicht aufgegeben zu haben. Weiterhin weiß ich für zukünftige Hausarbeiten im Studium nun genau, was mich erwartet. Ich bin auch zuversichtlich, dass die nächste Hausarbeit leichter von der Hand geht, denn nun weiß ich, was mich in Zukunft erwarten wird.*

‚*Disziplin heißt, etwas, das man hasst zu tun, so zu tun, als liebte man es.*‘

Mit diesem Zitat von Mike Tyson, das mir während des Arbeitens Durchhaltevermögen gegeben hat – denn genauso erging es mir, ich hasste die ganze Arbeit –, möchte ich meine Hausarbeit abschließen. Endlich bin ich wieder frei und kann mein Leben in vollen Zügen genießen ;) "

→ http://www.bange-verlag.de/uploads/Abi_Trainer_BW/h91-stellungnahmeha-stefanie_bearb.pdf

TIPP

Uni-Professoren-Tipp (nach Lektüre dieser Zeilen)
– Ihr müsst deutlich häufiger Hausarbeiten schreiben
– Diese Hausarbeiten werden viel länger
– Das zu bearbeitende Material ist weitaus umfangreicher
– Teilweise schreibt ihr mehrere Hausarbeiten parallel
– Kurz: Es wird richtig stressig!

2. Präsentationen/Referate

Von vielen Schülern gehasst, wenn sie präsentieren müssen, von vielen Schülern geliebt, wenn sie dank Präsentation eines Einzelnen eine Schlafrunde haben: „Wenn alles schläft und einer spricht, so nennt man das dann Unterricht!" Nur ist es diesmal nicht der Lehrer, der spricht, sondern der Mitschüler! Aus meiner Sicht sind Präsentationen eine enorme Chance. Und zwar für alle, wenn endlich der Präsentationsstil geändert wird: Hin zu einem „aktivierenden Referat"!

Ich erwarte von meinen Schülern, dass der Referent sich etwas einfallen lässt, um seine Mitschüler nicht nur zu begeistern, sondern sie auch richtig zu fordern. Im Klartext: Ich benutze meist Referate zur Stoffwiederholung oder -vertiefung, konkret in Deutsch bei der Pflichtlektüre oder bei den Literatur-Epochen.

Bei den meisten Referaten läuft ständig etwas, da geht teilweise richtig die Post ab, zum Beispiel durch Wettkämpfe (am Ende mit Gummibärchen- und Schokoriegel-Preise für die Siegergruppe!). Ein weiterer Ansatz ist das Verwenden von Medien, um den Stoff zu visualisieren und Abwechslung in das Referat zu bringen.

Der grundsätzliche Ansatz dürfte dir jetzt klar sein, aber bisher nur theoretisch. Ich mache jetzt Folgendes: Ich suche dir hilfreiche Links heraus. Dann siehst du alles und kannst daraus viele neue Ideen gewinnen. Nimm die Präsentation als deine Chance, das zu üben, was nicht nur an der Uni, sondern oft noch im Berufsleben in Perfektion von dir erwartet wird!

Zunächst zwei hilfreiche Links zur Einführung in Präsentationen:

- Karsten gibt einen schriftlichen Überblick über die Anforderungen an ein gelungenes Referat, wobei er vieles anhand von Fotos verdeutlicht.

→ http://www.bange-verlag.de/uploads/Abi_Trainer_BW/h31-karstenprsentation-1_bearb.pdf

- Kathrin und Ramona zeigen, was bei einer guten Präsentation zu beachten ist.

→ http://www.bange-verlag.de/uploads/Abi_Trainer_BW/h31-erfolgreich-prsentieren_bearb.pdf

Alles gelesen? Dann hast du schon mal eine Fülle an Ideen geboten bekommen. Nun wird es aktueller, denn jetzt steht das „Activboard" (vgl. auch Karstens Präsentation) im Zentrum, was immer mehr Schulen haben. Leider wird es häufig – von Lehrern und Schülern – zu wenig genutzt. Das ist an unserer Schule zum Glück komplett anders, wir haben uns den Ruf einer „Medien-Schule" erworben, was unserer Schule 2014 auch einen Medien-Preis von 15.000 Euro einbrachte.[4] Als „Medien-Schule" arbeiten wir intensiv

---

4 http://www.kstbb.de/index.php?option=com_content&view=article&id=44&Itemid=15 (20.11.2014)

mit dem Activboard, jedes Referat meiner Schüler wird an diesem Zauberding gestaltet. Nun zum Zauberding für dich! Wenn du am Activboard den Durchblick hast, sind die folgenden Links nichts für dich! Wenn du vor dem Whiteboard stehst wie der berühmte „Ochs vorm Berg", dann kommt jetzt etwas für dich. Vor 3–4 Jahren waren wir mit unserer Schülerzeitung „Financial T('a)ime" Multiplikatoren für die Bedienung von Activboards, andere Schulen meldeten sich wegen unserer Sendungen und Materialien, wir waren in Google ganz oben. Und die Handbücher von damals haben ihre Bedeutung auch heute nicht verloren.

– Hier der Link zu dem Handbuch (Minimalversion), alles reduziert auf nur 16 Seiten und besonders klar erklärt:
→ http://www.bange-verlag.de/uploads/Abi_Trainer_BW/h51-activeinspire-schler-info_bearb.pdf

– Und diese hier ist für „Computer-Fuzzis":
→ http://www.bange-verlag.de/uploads/Abi_Trainer_BW/h37-handbuch_bearb.pdf

– Jetzt noch ein besonderer Service, ein Demonstrationsfilm zur Erläuterung des Activboards:
→ https://www.youtube.com/watch?v=rSgfNf_5Rl8&index=1&list=PLTqsV0iCqkHmR HHGoyKj7dxcjNkGC-PXI

Nun willst du das Ganze mal in Aktion sehen? Wie funktioniert so ein „aktivierendes Referat"? Welche Tricks setzen meine Schülerinnen und Schüler ein? Nachfolgend habe ich ein paar Unterrichtsmitschnitte für dich herausgesucht:

– Zunächst der Pflichtlektürenvergleich von Natascha. Das ist eine der stärksten Präsentationen, die ich kenne. Die Mitschüler werden straff in das gesamte Referat integriert:
→ https://www.youtube.com/watch?v=Ynh10VAn6g4&list=PLTqsV0iCqkHk_kotBun Be JoXUCi_CmJeX&index=1

– Eva ist sehr phantasievoll in Blick auf verschiedene Präsentationsideen zum Thema „Liebesleben von Agnes und dem Ich-Erzähler":
→ https://www.youtube.com/watch?v=-YniOOR0pRg&index=1&list=PLTqsV0iCqkHkg 9paNzh-bp5pd9CCcGg4M

– Und zum Schluss noch den ausgefallensten Einstieg aus meinem dritten Fach „Psychologie": Alev als Clown. Ich denke, wir können mit dieser Clown-Nummer das Kapitel abschließen!
→ https://www.youtube.com/watch?v=OePOUi04Dkg&list=PLTqsV0iCqkHl-Q_T2C_ C2TDX4_F5Q1Gri&index=1

3. Klassenarbeiten (KA)

Klassenarbeiten (KA) sind „Abitur im Kleinen", sollten aber auch das Ergebnis von eigenständigem Üben, also Hausaufgaben, sein. Auch das klingt nicht gerade prickelnd, ist es auch nicht, aber aus meiner Sicht absolut notwendig. Ganz kurz zur bisherigen Handhabung in meiner Schulklasse: Ich gab immer von Woche zu Woche eine Stelle zur Interpretation. Ein Schüler mailte mir die Hausaufgabe, diese wurde für die Klasse kopiert und im Unterricht durchgesprochen. Die Schüler wurden Meister im Kritisieren der Hausaufgabe des Mitschülers, wobei sie dann in der Klassenarbeit genau die gleichen Fehler machten – ohne dass ich dieses Problem bemerkt hätte!

Darum habe ich nun mein System geändert. Als „Medien-Schule" haben wir am Activ-board auch einen Visualizer. Unter diesen werden Sachen gelegt, die dann aufs Activ-board projiziert werden. Ich rufe verschiedene Schüler auf, sie legen ihre Hausaufgabe darunter und wir besprechen jeweils nur eine kurze Sequenz. Das erhöht Druck und Sinn der Hausaufgabe und lässt mich als Lehrer schneller Probleme einzelner Schüler erkennen.

„Und was passiert, wenn einer die Hausaufgaben nicht macht?", wirst du nun vielleicht fragen. Ganz einfach: Der bekommt einen Kuchenstrich, nach zwei Strichen ist ein Kuchen für die Klasse fällig. Von daher herrscht in der Klasse große Freude über jeden Hausaufgaben-Sünder. (Teilweise werden sogar Hausaufgaben gegenseitig versteckt, aber das ist weniger nett!)

Die Klassenarbeit wird jedem Schüler korrigiert zurückgegeben.[5] Wichtig ist mir hierbei eine Verbesserung von Klassenarbeit zu Klassenarbeit. Wenn keine Verbesserung erfolgt, hätte der Lehrer sich die Korrekturmühe sparen können! Und wie diese Verbesserung gemessen wird, zeige ich dir jetzt:

Klassenarbeitsanalyse

Nun erhältst du etwas ganz Spezielles von mir: das Klassenarbeitsanalysenblatt. Meine Überlegung war: Wie kann der Schüler nach einer Arbeit sofort seine Probleme (rein statistisch) erkennen? Wichtig war mir auch, dass die Probleme differenziert sichtbar werden und Fortschritte messbar sind. Herausgekommen ist das folgende Analysenblatt:

http://www.bange-verlag.de/uploads/Abi_Trainer_BW/analyseblatt_klassenarbeit.pdf

---

5   Nebenbei, ich brauche für einen vierstündigen Aufsatz in der 12. Klasse (mit ca. 22 Schülern) rund 25 Stunden Korrekturzeit!

Analyse der Klassenarbeit

Fehlerzahl: insgesamt: .... Fehler   pro Seite: ~ ....

	Fehlerzahl (Striche)
Groß- und Kleinschreibung (Gr)	
Konjunktiv (Gr)	
Weitere Grammatik-Fehler (Gr)	
das/dass: (Gr)	
Rechtschreibung (R)	
Flüchtigkeitsfehler (meist R)	
Zeichensetzung (Z)	

Wie beurteile ich beim nochmaligen Durchlesen
– meinen Stil/meine Konzentration in der KA in Blick auf Fehlerhäufung:

  ....
– die Integration der Zitate/die angemessene Vertiefung:

  ....

Aus der Analyse ziehe ich folgende Schlüsse:
....
....
....
....

Folgendes werde ich inhaltlich in der nächsten KA ändern/ausbauen:
....
....
....

Nun folgende Überlegung für dich: Nach jeder Klassenarbeit füllst du das Formular gewissenhaft aus. Bitte nicht selbst „beschummeln" – die Konsequenzen trägst allein du! Anschließend siehst du genau, ob du nach drei bis vier Klassenarbeiten Fortschritte machst. Diese sind messbar (Anzahl der Fehler pro Seite). Es spielt dabei keine Rolle, ob der Aufsatz lang oder kurz war, alles wird immer umgerechnet auf eine Seite bei deiner Schriftgröße. Jetzt wird Fortschritt in der Rechtschreibung für dich messbar!

Folgende Fehlerquellen werden verbessert:

R = Rechtschreibung
Gr = Grammatik (z.B. Groß- und Kleinschreibung, das/dass)
Z = Zeichensetzung

Allgemeine Vorgehensweise

– Jede der drei Korrekturgruppen (R/ Gr/ Z) wird getrennt in der KA durchnummeriert: z.B. R^1, R^2, R^3 oder Z^7, Z^8, Z^9 usw.
– Für jede Korrekturgruppe bitte ein separates Blatt (nicht das Formular, sondern einfach ein weißes Blatt Papier!) zum Verbessern benutzen. Nun wird verbessert.

Verbesserung der jeweiligen Korrekturgruppe

– **R-Gruppe**
Hier nur das verbesserte Wort aufschreiben (wegen der Übersichtlichkeit bitte untereinander schreiben!) und den Fehler unterstreichen, z.B.
R^4. Dilettant
R^5. Karussell

– **G-Gruppe**
Genau wie die R-Gruppe schreiben, nur diesmal **mit den notwendigen Wortverbindungen** und Fehlerquelle wiederum unterstreichen, z.B.
G^4. etwas Schönes
G^5. er sagt, er gehe nach Hause
G^6. wegen des Unfalls

– **Z-Gruppe**
Diese Gruppe erfordert ein wenig Zeit, verschafft aber langfristig wohl die meisten Erfolgserlebnisse:
· jeden **Kommafehlersatz** ganz (!) abschreiben und sich die Begründung für die Kommasetzung überlegen
· bei Unklarheiten:
1. Satz abschreiben
2. Kommafehler markieren
3. Lehrer fragen.

Zielsetzung

Jeder Schüler soll sich im Laufe der Schulzeit sein individuelles „Fehlerbuch" anlegen, in das er nach jeder Klassenarbeit nach Gruppen geordnet seine korrigierten Fehler einträgt. Vor jeder KA arbeitet er seinen ehemaligen „Fehlerkatalog" nochmals durch, um nicht permanent im gleichen „Fehlersaft" zu schmoren! Dieses Fehlerbuch sollte auch nach der Schulzeit aufgehoben werden. Nur mit dieser Methode lässt sich die Fehlerzahl in den verschiedenen Bereichen effektiv und langfristig reduzieren!

„Fehlerbuch" (Zum Beispiel in Form eines roten Schnellhefters)

Zuerst werden abgeheftet:
- Kommaregeln
- Groß- und Kleinschreibregeln
- „das/dass"-Regeln

Falls ihr kein brauchbares Material vorliegen habt, seht doch mal hier nach:

→ www.klausschenck.de/ks/index.html

Dann folgen im „Fehlerbuch":
- Klassenarbeit
- Fehleranalyse
- Verbesserung
- Allgemeine Fehlerquellen (Mitschrift bei der Besprechung der KA)

Diese Reihenfolge wiederholt sich nach jeder Klassenarbeit!

> **Vorteil:**
> - Klassenarbeiten sind geordnet
> - Verbesserungen können problemlos vor jeder KA wiederholt werden
> - „Allgemeine Fehlerquellen" liegen zu jeder Aufsatzform griffbereit vor
> - Mit der „Fehleranalyse" ist eine gewisse Fortschrittskontrolle möglich

Getreu dem Motto „Steter Tropfen höhlt den Stein" könnt ihr euch mit minimalem Aufwand nun stetig, dauerhaft und sichtbar verbessern!

TEIL II: FIT FÜRS ABI

Ich erkläre dir auf den folgenden Seiten die zentralen Aufsatzarten beim schriftlichen Abitur. Wie du langsam gemerkt hast, lege ich großen Wert auf klare, erlernbare Strukturen, weniger auf Begabung. Der Begabte braucht nur begrenzt Strukturen, er packt es auch so. Dem Schwächeren geben Schemata aber Halt, sie weisen ihm einen für ihn gangbaren Weg, sie bieten ihm die Chance, innerhalb dieser klaren Strukturen sein Wissen, sein Üben, sein Erlerntes zu zeigen und auch erfolgreich zu sein – auf einem anderen Weg.

Zunächst stelle ich immer den **Aufbau** dar, wie ich ihn unterrichte. Bitte richte dich aber nach den Vorgaben deines Lehrers. Mein Ansatz ist nicht das Evangelium, viele Wege führen nach Rom und viele Vorgehensweisen zu einem erfolgreichen Deutsch-Abitur!

Nach dem Aufbau biete ich dir einen **Zeitplan mit ungefähren Seitenvorschlägen**. Ich weiß, dies ist bei Deutsch-Lehrern mehr als umstritten. Ich stehe aber zu meiner Form der Hilfe für meine Schüler und ich weiß, welche Beruhigung von diesen Vorschlägen ausgeht. Es sind nur Vorschläge, am Ende zählt das Ergebnis, nicht der Weg!

Jetzt kommen aber erst ein paar hilfreiche allgemeine **Tipps für Zeit und Ordnung** in der Abiturprüfung.

TIPP
- **Handys** sind abzugeben! Der Besitz wird als Betrugsversuch gewertet!
- Benutze **Füller** – Kugelschreiber wirken für den Korrektor desinteressiert! Schon vorher mal wieder öfter mit dem Füller schreiben, dann geht es im Abi auch leichter von der Hand.
- Bei dem **Toilettengang** müssen ALLE Blätter, einschließlich des kompletten Aufsatzes, abgegeben werden! Es kann immer nur eine Person auf die Toilette.
- **Blätter**: In der Prüfung bekommt man weiße (Original) und grüne (Konzept) Blätter. Auf das Originalblatt, also auf dem der Aufsatz steht, wird oben in der Mitte der **vollständige Name** und oben rechts am Rand die **Seitenzahl** (z.Bsp. Seite 1 von 10) eingetragen. Blätter nur einseitig beschriften. Vorteil: Es entsteht kein Chaos und ist leichter zu ordnen.
- **Name**: Nachname und Vorname eintragen.
- **Aufgabe**: Aufgabennummer der Aufsatzart (I–V) eintragen, nicht die Nummer der Aufgabenstellung, die man gerade bearbeitet!
- **Blatt**: Seitenzahl eintragen.
- **Schülernummer**: Prüfungsnummer, die man von der Schule bekommen hat.
- **Chiffre der Schule**: freilassen!

– **Deckblatt:** Das Folgende ist auf das Deckblatt zu schreiben:
  · Wenn man bemerkt, dass ein Teil des Buches geklammert ist, das heißt, man kann es nicht lesen, dann ist das ebenfalls auf das Deckblatt zu schreiben. „Werk geklammert", um zu zeigen, dass die rechtlichen Vorschriften eingehalten wurden.
  · Die Dichter sowie die Werke (exakte Ausgabe angeben!). Ebenfalls:
    Max Frisch: „Homo faber" (F)
    Peter Stamm: „Agnes" (S)
    Georg Büchner: „Dantons Tod" (B)
    Die Buchstaben, die in Klammern hinter den Werken stehen, dienen in der zweiten Aufgabe dazu, dass man die Zitate unterscheiden kann. Es sind die Anfangsbuchstaben der Werktitel.
– **Zeitplan:** Diesen auf das grüne Blatt (Konzept) schreiben, damit man nicht so schnell in Zeitprobleme kommt. Individuell gestalten, nicht erst in der Prüfung darüber nachdenken!

Im vorletzten Schuljahr hat Carolin nach der Klassenarbeitsbesprechung direkt vor dem Deutsch-Abitur ein Übersichtsprotokoll erstellt, das nun auch du nutzen darfst: Von Schüler zu Schüler! Hier der Link zum ausführlichen Protokoll (31 Seiten) mit Fehleranalyse von drei Klassenarbeiten zur Pflichtlektüre mit Werkvergleich und hilfreichen Tipps für Ordnung und Zeit:

→ http://www.bange-verlag.de/uploads/Abi_Trainer_BW/h77-kaprotokollwerkvergleich-2013.pdf

1. Interpretation zur Pflichtlektüre (Aufgabe I)

Bei keiner Aufsatzart im Abitur ist die Möglichkeit der Vorbereitung so groß wie bei der Pflichtlektüre! Durch **Fleiß und Engagement** lässt sich eine eingeschränkte Deutsch-Begabung ausgleichen, darüber solltest du dir im Klaren sein! Pflichtlektüre ist etwas für Fleißige! Sie lesen alle drei Werke intensiv, sie beschäftigen sich mit der Interpretation, sie „ziehen sich" die Sekundärliteratur rein und sehen die FT-Sendungen zum Thema.

Das kostet Zeit, stimmt! Das fordert Einsatz, stimmt! Aber genau darin liegt die Chance, im Abitur von einem eher abgesicherten Level starten zu können.

Bist du gut in Deutsch, vergiss meine Zeilen, dann packst du auch die anderen Aufsatzarten – vielleicht sogar ohne große Vorbereitung! Mal ehrlich, Gleiches gilt erst recht für Mathe – wer's blickt, der blickt's, auch ohne viel Hausaufgaben und Mühen!

1.1 Vergleich der drei Pflichtlektüren

Der folgende Vergleich der Pflichtlektüren[6] in gekürzter Form stammt von meiner ehemaligen Schülerin Natascha Haberkorn. Sie erstellte als Teil ihrer Seminararbeit in Deutsch (12. Klasse) eine Überblicksdarstellung zu wichtigen Themen, die du neben anderen hilfreichen Informationen zu den Autoren, Schauplätzen, Personenkonstellation etc. in vollständiger Form auf meiner Homepage bzw. bei YouTube findest. Die Links dazu findest du am Ende dieses Kapitels. Natascha wird die drei Werke nun anschaulich und mit verständlichen Worten vergleichend nebeneinander stellen: Von Schüler zu Schüler. Den Quellennachweis für den kompletten Vergleich findest du auf Seite 39 (Kopiervorlage zum Werkvergleich).

Allgemeiner Vergleich

„Homo faber"	„Agnes"	„Dantons Tod"
Roman, 1957 verfasst Bericht/Tagebuch: viele Rechtfertigungen, Rückblenden, Vorausdeutungen und Eingeständnissen.	**Roman**, 1998 verfasst Eine Geschichte in der Geschichte mit Vorausdeutungen und Rückblenden.	**Drama**, 1835 verfasst Dantons Tod wird in Dialogen und Gesprächen sehr realitätsnah erzählt.
Es gibt zwei wichtige Stationen: Caracas und das Krankenhaus.	Das Ende stellt gleichzeitig den Anfang dar. Die Geschichte wird direkt, nachdem sie endet, als ein Ganzes niedergeschrieben.	4 Akte: Innerhalb von 32 Szenen wechseln die Orte und die Personen ständig und werden mit Monologen (Danton und Robespierre) untermischt.
Zeitspanne: 5 Monate	9 Monate	Im Werk nicht genau ersichtlich (wenige Tage); historisch: 9 Tage

Vergleich des Selbstbildnisses und Distanzproblematik

„Homo faber"	„Agnes"	„Dantons Tod"
Faber denkt, nur er sieht die Welt richtig. Er lässt alle Eindrücke durch einen „sachlichen Filter" laufen. Er will jeden und alles berechnen können.	Der Ich-Erzähler erwartet von sich, dass er distanziert ist und bleibt. Er will die Kontrolle in sämtlichen Lebenssituationen behalten.	Dantons Verhalten wird sehr stark von seinen Grundsätzen geprägt. Er glaubt nicht, dass er durch seine Handlungen etwas an dem Gang der Revolution ändern kann.

---

6   Georg Büchner: „Dantons Tod"; Max Frisch: „Homo faber"; Peter Stamm: „Agnes"

„Homo faber"	„Agnes"	„Dantons Tod"
Walter Faber distanziert sich von jedem Menschen. Zwar hat er Freunde, Bekannte und Ivy, doch ist er immer darum bemüht, zu jedem „Abstand" zu halten. Er versucht sich immer zu rechtfertigen. Der Grund dafür ist sein falsches Selbstbildnis.	Der Ich-Erzähler distanziert sich von seiner ganzen Umwelt, selbst vom Leser distanziert er sich. Obwohl er mit Agnes eine Beziehung führt, ist er selbst ihr gegenüber nicht ganz offen. Die Kommunikation mit ihr fällt ihm schwer.	Danton distanziert sich von seinen Freunden. Sein fatalistisches Selbstbild lässt ihn nicht mehr daran glauben, dass er etwas ausrichten kann. Aktivitätswillen seiner Freunde und inaktives Verhalten Dantons verkörpert somit eine wachsende Distanz.
Faber verfälscht durch sein Denken die Realität. Aber er manipuliert sich auch selbst. Er trägt Verantwortung für Sabeths Tod.	Die Kommunikation zwischen Agnes und dem Ich-Erzähler leidet stark unter der Distanz. Die Geschichte wird die Zwischenebene der Liebenden.	Danton ist sich stets bewusst, welche Gefahr sein inaktives Verhalten auslösen kann, jedoch unterdrückt er dieses Bewusstsein. Er erhält dadurch die indirekte Kontrolle über seine Anhänger und den Gang der Revolution. Am Ende kann er kaum noch etwas bewirken.

Problematik, Schuld und Verantwortung

„Homo faber"	„Agnes"	„Dantons Tod"
Problematik des Buches ist die Schwangerschaft von Hanna und das Selbstbild Fabers.	Die Schwangerschaft von Agnes verstärkt das Problem der Kommunikation.	Dantons innere Konflikte über Existenz oder auch Nichtexistenz und Sinnlosigkeit beschäftigen ihn wohl sehr. Diese Verzögerung kostet ihm und seinen Freunden letztendlich auch das Leben.
Faber stellt sich zwar am Ende seiner Angst vor der Wahrheit, aber da ist es zu spät. Ihn trifft die Schuld für die vergangene Zeit.	Der Erzähler verstärkte Agnes Traurigkeit über die Fehlgeburt, indem er sie damit alleine lässt. Er trägt Schuld für Agnes tiefen seelischen Fall. Das Alleinsein, das fiktive Kind und am Ende der erste Schluss rauben Agnes letztendlich den letzten Tropfen Kraft.	Danton trägt eine große Verantwortung für seine Anhänger und deren Zukunft, doch das nimmt er erst zu spät wahr: Seine Inaktivität macht ihn schuldig.

Frauenfiguren und Mann-Frau-Beziehungen

„Homo faber"	„Agnes"	„Dantons Tod"
• **Hanna** ist eine gefühlsstarke, sensible, kreative und künstlerische Frau. Sie bildet den *Gegenpol* zu Faber und seiner Technik. • **Elisabeth** (Sabeth) ähnelt ihrer Mutter sehr. Die Kunst spielt eine große Rolle in ihrem Leben. • **Ivy** verkörpert keinen besonders wichtigen Charakter für Faber.	• **Agnes** ist die sachliche Physikerin mit Gefühl. Sie spielt Cello und ist nicht sehr extrovertiert. • **Louise** ist eine „Single Lady", die das Unabhängige und Problemlose verkörpert.	• **Julie** führt mit Danton eine Beziehung. • **Marion** ist eine Grisette, die auch mit Danton verkehrt. • **Lucile** führt eine Beziehung mit Camille.
• Hanna und Faber hatten vor Jahren eine Beziehung. • Für Sabeth hat Homo Faber romantische und echte Gefühle. Jedoch führt die Beziehung zum Tod Sabeths und vorher zum Inzest. • Faber und Ivy führen eine sehr oberflächige Beziehung.	• Die Beziehung zwischen dem Sachbuchautor und Agnes wird durch „die Geschichte" aufrechterhalten, die am Ende zu Agnes' Tod führt. Beide lieben sich zwar, doch funktioniert das Zusammensein nicht.	• Danton und Julie haben eine sehr einseitige Beziehung; Julie zeigt Danton grenzenlose Treue. Sie nimmt sich letztlich das Leben, weil sie nicht ohne Danton leben will. • Danton hat als zweite Liebe die Grisetten. • Lucile ist Camille bedingungslos ergeben.

Krankheit und Tod

„Homo faber"	„Agnes"	„Dantons Tod"
Faber selbst ist von Beginn an krank (Magen). Der Tod von Joachim und von Sabeth begleitet Faber bis zu seinem eigenen vermutlichen Tod. Auch Professor O. konfrontiert Walter Faber immer wieder mit seiner Krankheit, doch seine eigene Krankheit will er nicht wahr haben.	Agnes' Empfindlichkeit macht sie anfällig krank zu werden. Sie ist nicht stark genug. Die tote Frau vor dem Restaurant gibt diesem Thema zum ersten Mal eine Rolle in dem Roman. Die Fehlgeburt stellt den Tod plötzlich zwischen die beiden. Am Ende steht der Tod von Agnes.	Bei „Dantons Tod" spielt mehr der Tod als die Krankheit eine Rolle. Schon zu Beginn erfahren wir Dantons Todessehnsucht. Präsent ist der Tod die ganze Zeit über, da zum einen die Revolution selbst und die Guillotine den Tod repräsentieren. Am Ende als Schlussstrich die Hinrichtung von Danton und seinen Freunden.

Und hier – wie versprochen – zur Vorbereitung und Vertiefung der Thematik die Links/ Videos zu den einzelnen Pflichtlektüren:

BEISPIEL

	Max Frisch: „Homo faber"	Peter Stamm: „Agnes"	Georg Büchner: „Dantons Tod"	Werkvergleich
Inhalt: Überblick und nur zentrale Stellen vorgelesen	https://www.youtube.com/watch?v=vOg2DefJOdc&list=PLTqsV0iCqkHkPgRM9Pmwb6OdDC3Xwpg0h&index=1	https://www.youtube.com/watch?v=fnU_jPd1RXk&list=PLTqsV0iCqkHn9g7SeteIbA3Zslat1uYxy&index=1	https://www.youtube.com/watch?v=h5P3kzOU7AU&list=PLTqsV0iCqkHmv5V203TSq6TeZkTgQv6De&index=1	
Gesamtinterpretation mit Inhaltswiederholung (ideal direkt vor dem Abitur)	https://www.youtube.com/watch?v=IKtAuvYK7mI&index=1&list=PLTqsV0iCqkHI-pQ6G-PP7tXa347PK-TE8og	https://www.youtube.com/watch?v=Ffpg3rPkgsY&list=PLTqsV0iCqkHm2wKEUs9ArY0YmBuOV7tTA&index=1	https://www.youtube.com/watch?v=U1QRzrPuYFo&index=1&list=PLTqsV0iCqkHkbHXvY8Yab5t7-hyn8Jee7	Unterrichts-mitschnitt zum gekonnten Werkvergleich: https://www.youtube.com/watch?v=Ynh10VAn6g4&list=PLTqsV0iCqkHk_kot-BunBeJoXUCi_CmJeX&index=1
Kopiervorlagen (Kurzüberblick) und Lernkärtchen	http://www.klausschenck.de/ks/deutsch/literatur--frisch-homofaber/hausarbeiten-kopiervorlagen/index.html	http://www.klausschenck.de/ks/deutsch/literatur--stamm-agnes/kopiervorlagen/index.html	http://www.klausschenck.de/ks/deutsch/literatur--buechner-dantons-tod/hausarbeiten--kopiervorlagen/index.html	Kopiervorlage: http://www.bange-verlag.de/uploads/Abi_Trainer_BW/nataschawerkeverlgleich.pdf

	Max Frisch: „Homo faber"	Peter Stamm: „Agnes"	Georg Büchner: „Dantons Tod"	Werkvergleich
				Lernkärtchen: http://www. bange-verlag. de/uploads/ Abi_Trainer_ BW/h76-lernkrt chenwerkever gleichnat_be arb.pdf 
Überblick: Alle Sendungen zu...	„Homo faber": https://www. youtube.com/ watch?v=IKtAu vYK7mI&list=P LTqsV0iCqkHn oWTBuo2bpiw LbfgAoGY0v&in dex=1 	„Agnes": https://www. youtube.com/ watch?v=fnU_jP d1RXk&index =1&list=PLTq sV0iCqkHmtS 8v-i1N7yY7Q- NEOAD1p 	„Danton": https://www. youtube.com/ watch?v=h5P3k zOU7AU&list=P LTqsV0iCqkHlC Dt2UnyDb1p00 NyuWMSNj&in dex=1 	
Zitatspiel	http://www. bange-verlag. de/uploads/Abi_ Trainer_BW/ g12-frischzitat spiel_bearb.pdf 	http://www. bange-verlag. de/uploads/ Abi_Trainer_ BW/stamm-zitat sammlung.pdf 	Der Inhalt ist zu gering und die Reflexion zu komplex, daher gibt es hier kein Zitatspiel	

Zitatspiel – Erläuterung

Viele Schüler lieben diesen Wettkampf und würden am liebsten jede Stunde mit ihm beginnen. Spielregeln: Alle Schüler sitzen auf dem Tisch – gemäß Sitzplan. Ich nenne einen Satzanfang und rufe nach Sitzplan auf, also ohne Meldung und ohne Augenkontakt mit der Klasse. Weiß die Person, wie der Satz weitergeht, darf sie sich setzen, wenn nicht, bleibt sie auf dem Tisch sitzen. Auf diese Weise wird der Inhalt super wiederholt und es besteht ein Anreiz, das Werk gut zu kennen, um nicht als Literatur-Mauerblümchen übrig zu bleiben. Jetzt wurden die von mir im Werk markierten Stellen (Beginn und Fortsetzung) mit genauer Stellenangabe abgetippt, eine ideale Inhaltsvertiefung kurz vor KA und Abi für „Homo faber" und „Agnes"!

1.2 Schematischer Überblick und Zeitplan

Textgestaltung[7]	In der Abiturprüfung	330 Minuten Gesamt	Seiten
	Durcharbeiten der Textstelle	30–40 Minuten	
Einleitung • Zu Hause bereits vorbereitet • umfasst den ganzen Inhalt der Lektüre • Thematik vom ganzen Werk mit einbringen **Überleitung** Thematische Aspekte von der Textstelle (Die Überleitung zur 1. Aufgabe sollte thematisch sein, weil man sonst evtl. dreimal den gleichen Inhalt hat)	**Einleitung (mit Gesamtinhalt und Überleitung)** → 2 Zeilen frei	10–15 Minuten	1 Seite

---

7 Patricia gestaltete eine schematische Darstellung des Aufsatzes zur Pflichtlektüre, Link: http://www.klausschenck.de/ks/downloads/h73-ka-aufbauueberblick2012.pdf

Textgestaltung	In der Abiturprüfung	330 Minuten Gesamt	Seiten
Hinführung • inhaltlich zur Textstelle hinführen: ca. 4–6 Sätze • nur das für das Verständnis der Textstelle Notwendige inhaltlich benennen! Keine weitere Gesamtinhaltsangabe!			
Einleitung zur 1. Aufgabe Inhaltlicher Aspekt: wer, wo, wann, was (nur ein bis zwei Sätze!) **1. Aufgabe** (Interpretieren aus Werk 1) Überleitung zu Aufgabe 2: Werke u. Aufgabenstellung nennen	**1. Aufgabe (inklusive Hinführung und Einleitung)** → 1 Zeile frei	100–120 Minuten	5–7 Seiten
2. Aufgabe (Vergleich von Werk 1 und Werk 2) Parallelen und Unterschiede nennen	**2. Aufgabe (mit Einleitung + Abrundung)** → 2 Zeilen frei	100–120 Minuten	5–7 Seiten
Schluss wurde ebenfalls zu Hause mit Stichworten vorbereitet; im Idealfall verbunden mit der Einleitung. Der Schluss sollte auf heute bezogen werden (aktualisiert) und alle Werke einbeziehen plus einen Aspekt (Aufgabenstellung)	**Schluss**	15–20 Minuten	1 Seite
	Mehrfaches sorgfältiges Durchlesen der Arbeit/Puffer	20–30 Minuten	

Die Minutenzahl ist von dir flexibel zu handhaben, sodass du eigene Zeitschwerpunkte setzen kannst. Die Höchstminutenzahl zusammen geht natürlich über die Prüfungszeit hinaus, das ist ja klar! Wenn du beim einen Teil mehr Zeit brauchst, muss der andere zackiger gehen!

TIPP Den Zeitplan unbedingt auf die Prüfungszeit übertragen und sich die Uhrzeit bei Prüfungsbeginn kurz notieren, dann während der Prüfung abhaken und das beruhigende Gefühl haben, ich arbeite mich an meinem Plan voran und ich liege ungefähr in der Zeit. Konkretes Beispiel: Das Deutsch-Abitur beginnt um 8.00 Uhr und endet um 13.30. Du hast dich sofort für die Pflichtlektüre entschieden: 8.00 Einleitung, 8.20 Uhr Text durcharbeiten…

1.3 Vorbemerkung und Anforderungen

- Schwachpunkte (Kommasetzung, Rechtschreibung, dass/das, Konjunktiv-Gebrauch, besonders die einwandfreie Beherrschung der Zitatintegration) gezielt bearbeiten (vgl. S. 30 ff.)
- Persönliche Fehleranalysenblätter durcharbeiten (vgl. S. 33)
- Kopien und Mitschrift zu besprochenen Klassenarbeiten wiederholen
- Einleitung und Möglichkeit des Schlusses zu Hause entwerfen und klar als Stichwörter im Kopf haben
- Wie bei der Feuerwehr: Die Vorgehensweise bei der Klassenarbeit/Abitur-Prüfung Tage davor mehrfach vor dem Schlafengehen durchspielen. Sich den Ablauf der Prüfung so konkret als möglich vorstellen, damit Nervosität und Angst – die völlig normal sind! – besonders in der Anfangsphase nicht behindern. In der ersten Stressphase hat man zu funktionieren, jeder „Griff" muss sitzen, der Ablauf der ersten 15 Minuten muss ohne viel Denken ablaufen, danach legt sich die Nervosität.

1.4 Schriftlicher Teil: Werkvergleich Schüler-Lösung

ÜBUNG **Aufgabenstellung:**
1. Interpretieren Sie den Textauszug im Kontext der vorangegangenen Handlung
2. Büchners „Dantons Tod", Frischs „Homo faber" und Stamms „Agnes": Untersuchen Sie in einer vergleichenden Betrachtung die Bedeutung, die Lucile für Camille, Sabeth für Faber und Agnes für den Ich-Erzähler hat.
(H =Homo faber / A = Agnes / D = Dantons Tod)
Textauszug: Georg Büchner: Dantons Tod. 2. Akt, 3. Szene:
Beginn: „CAMILLE: Was sagst du Lucile? (…)" bis
Ende der Szene (S. 40, Z. 8).
Klassenarbeit: 330 Minuten (entspricht Abiturzeit!)
[Bitte beachten Sie, dass der Schwerpunkt der Gewichtung auf der zweiten Teilaufgabe liegt.]

2. Akt, 3. Szene (Auszug)

CAMILLE. Was sagst du Lucile?

LUCILE. Nichts, ich seh dich so gern sprechen.

CAMILLE. Hörst mich auch?

LUCILE. Ei freilich.

5 CAMILLE. Hab ich Recht? Weißt du auch, was ich gesagt habe?

LUCILE. Nein wahrhaftig nicht.

(Danton kommt zurück.)

CAMILLE. Was hast du?

DANTON. Der Wohlfahrtsausschuss hat meine Verhaftung beschlossen. Man hat mich
10 gewarnt und mir einen Zufluchtsort angeboten.

Sie wollen meinen Kopf, meinetwegen. Ich bin der Hudeleien überdrüssig. Mögen sie ihn
nehmen. Was liegt daran? Ich werde mit Mut zu sterben wissen, das ist leichter, als zu leben.

CAMILLE. Danton, noch ist's Zeit.

DANTON. Unmöglich, – aber ich hätte nicht gedacht.

15 CAMILLE. Deine Trägheit!

DANTON. Ich bin nicht träg, aber müde. Meine Sohlen brennen mich.

CAMILLE. Wo gehst du hin?

DANTON. Ja, wer das wüsste!

CAMILLE. Im Ernst, wohin?

20 DANTON. Spazieren, mein Junge, spazieren! *(Er geht.)*

LUCILE. Ach Camille!

CAMILLE. Sei ruhig, lieb Kind.

LUCILE. Wenn ich denke, dass sie dies Haupt! Mein Camille! das ist Unsinn, gelt, ich bin
wahnsinnig?

25 CAMILLE. Sei ruhig, Danton und ich sind nicht Eins.

LUCILE. Die Erde ist weit und es sind viel Dinge drauf, warum denn grade das eine? Wer
sollte mir's nehmen? Das wäre arg. Was wollten sie auch damit anfangen?

CAMILLE. Ich wiederhole dir, du kannst ruhig sein. Gestern sprach ich mit Robespierre, er war freundlich. Wir sind ein wenig gespannt, das ist wahr, verschiedne
30 Ansichten, sonst nichts!

LUCILE. Such ihn auf.

CAMILLE. Wir saßen auf einer Schulbank. Er war immer finster, und einsam. Ich allein
suchte ihn auf und machte ihn zuweilen lachen. Er hat mir immer große Anhänglichkeit
gezeigt. Ich gehe.

35 LUCILE. So schnell, mein Freund? Geh! Komm! Nur das *(sie küsst ihn)* und das! Geh! Geh!
(Camille ab.)

LUCILE. Das ist eine böse Zeit. Es geht einmal so. Wer kann da drüber hinaus? Man muss
sich fassen.

(Singt.) Ach Scheiden, ach Scheiden, ach Scheiden
40   Wer hat sich das Scheiden erdacht?

Wie kommt mir gerad das in Kopf? Das ist nicht gut, dass es den Weg so von selbst findet.
Wie er hinaus ist, war mir's als könnte er nicht mehr umkehren und müsse immer weiter weg
von mir, immer weiter.

http://www.
bange-
verlag.de/
uploads/
Abi_Trainer_
BW/dantons-
tod-2.pdf

Wie das Zimmer so leer ist, die Fenster stehn offen, als hätte ein Toter drin gelegen. Ich halt es da oben nicht aus. *(Sie geht.)*

1. Aufgabenstellung durchlesen (Zeit: 10 Minuten)

- Die Textstelle für die **erste Aufgabe** im Überblick lesen. Im Kopf diesen Ausschnitt in den Gesamtkontext einordnen. Dazu musst du einen perfekten Inhaltsüberblick haben! (Lektüren gut lesen!)
- Aufgabenstellung der ersten Aufgabe durcharbeiten, Zentrales markieren oder gegebenenfalls in eigenen Worten die Aufgabenstellung schriftlich formulieren, diese Formulierung erneut sorgfältig mit der Aufgabenstellung vergleichen, die selbst formulierte Aufgabenstellung und die vorgegebene vor sich hinlegen und während der 4–6 Stunden Klassenarbeit/Abitur-Prüfung immer wieder überprüfen. **ACHTUNG:** Schlampigkeit beim Erfassen der Aufgabenstellung hat schon manche Klassenarbeit in den Sand gesetzt!
- **Zweite Aufgabe** durchlesen, durchdenken, sich die Richtung der Lösung vorstellen, auch mit Hilfe des klaren Inhaltsüberblicks, aber sich dann voll und ganz erst der ersten Aufgabe zuwenden. Die zweite Aufgabe gibt aufgrund der präzisen Aufgabenstellung eine Hilfe für die Gesamtinterpretation! Diese Hilfe auch bei der Lösung der ersten Aufgabe nutzen, da dort oft keine präzise Aufgabenstellung vorliegt, aber erste und zweite Aufgabe haben meist die gleiche Thematik!

2. Textstellen durcharbeiten (Zeit: 30–40 Minuten)

Alle Auffälligkeiten sofort (!) am Rand notieren, auch wenn sie nicht direkt zur Aufgabenstellung passen: Ausgewählt wird später! Assoziationen freien Lauf lassen, sofort auf Schmierblatt notieren!

3.   Schriftlicher Teil (Zeit: ca. 4 Stunden)

3.1   Einleitung (15 Minuten; 1 Seite)

Dieser Teil muss sprachlich brillant sein und soll keine Fehler enthalten! Grundsätzlich: Die Aufgaben der Reihe nach (!) lösen, niemals zwei Aufgaben vermischen. Nach jeder Aufgabe, die mit einem abrundenden Satz endet, eine Zeile frei lassen! Für ein Konzept besteht keine Zeit. Du musst sprachlich so trainiert sein, dass du dies ohne Probleme lösen kannst, fast nichts durchstreichen musst und verzichte auf irgendwelche irritierenden Nachträge! Klare Aussage: Diese Fähigkeiten sollst du durch die regelmäßig angefertigten Hausaufgabe drauf haben!

- Vorschlag: Beginn mit einem **Zitat**! Dieses (vorher recherchiert!) muss aber auch kurz mit dem Werk in Verbindung gebracht werden. Zitat allein genügt nicht!
- **Autor, Titel, Textsorte** (exakt aus der Primärliteratur vorne übernehmen), **Kurzzusammenfassung/Basissatz und Werkinhalt**: Zunächst das Werk in 1–2 Sätzen mit interpretatorischen Schlaglichtern auf den Punkt bringen, danach den Inhalt des gesamten Werkes in 6–8 Sätzen wiedergeben. (Bis hierhin müsste der vorbereitete Teil gehen, aber nicht weiter!)
- Textstelle der Aufgabe thematisch fassen; **Überleitung zur 1. Aufgabe**: Worum geht es in der gesamten Aufgabenstellung (bei Aufgabe eins und zwei den „roten Faden" finden und hier als Überleitung in den Hauptteil benutzen/Hilfe: Aufgabenstellung der 2. Aufgabe) (1–2 Sätze) (2 Zeilen frei)

BEISPIEL

Beispiel einer Schüler-Lösung (visualisiert):

„Der Mensch kann nur das sein, als was er sich selbst sieht, und nur erlangen, was er sich selbst erlangen sieht." Dieses Zitat von Florence Scovel Shinn spiegelt Persönlichkeit und Scheitern Dantons im von Georg Büchner verfassten Drama Dantons Tod wider. Aufgrund seines Glaubens an höhere Mächte, die alles Geschehen der Welt leiten, ihn zum Scheitern verdammen und Robespierre zum Sieger über ihn erheben, zieht sich der Protagonist Danton aus dem politischen Agieren zurück und spricht so sein eigenes Todesurteil.
Dantons Leben ist durchgezogen von Schuldgefühlen, Langeweile und Lebensüberdruss. Um die Qual des Lebens zu mildern, wechselt er zwischen verschiedenen Lebensphilosophien, von denen er allerdings keine einzige durchgehend aufrechterhalten kann.

Im Zentrum des Dramas steht der lebens- und politiküberdrüssige Georg Danton. Zurückgezogen von der Politik und von Schuldgefühlen durch die Septembermorde geplagt, geht der ehemalige Erfolgspolitiker seinen Sehnsüchten nach und lebt lediglich noch für den Genuss, während er das verarmte Volk in seinem Leiden allein lässt. Dies und seine Forderung nach Liberalismus rechnet ihm die gegnerische Seite, geführt von Robespierre, als untragbares Laster an und will ihn zum Tode verurteilen. Trotz Warnungen seiner Freunde gibt Danton sich keine Mühe, um sein Leben zu kämpfen und redet sich selbst ein, dass man es nicht wagen wird, ihn anzugreifen. An anderer Stelle kokettiert er mit dem Tod als Retter aus seinen Schuldgefühlen und hat eine regelrechte Todessehnsucht. Als es nun zur Verhaftung kommt, erkennt Danton, dass der Tod ihm keine Erlösung bringt. Doch auch sein wiedererweckter Kampfgeist vor dem Tribunal kann ihn nicht mehr retten. In plötzlicher Todesangst bleibt ihm nur noch die Liebe zu seiner Partnerin Julie, die ihn durch die Mitteilung, mit ihm in den Tod zu gehen, beruhigt. Letztendlich wird er gemeinsam mit seinen Freunden guillotiniert.

Die Textstelle von Seite 38 bis 40 thematisiert Dantons Trägheit als Ursache für seine Hinrichtung, aber auch die seiner Freunde, – intensiviert in dieser Szene durch Luciles starke Liebe und Sorge um ihren Partner Camille.

3.2 Erste Aufgabe (100–120 Minute, 5–7 Seiten)
– Erste und zweite Aufgabe werden nicht gleich gewichtet: Die zweite wird höher bewertet (siehe Aufgabenstellung).
– Einleitungssatz nach der Hinführung rein inhaltlich, nicht thematisch: also wer, wo, was, wie. Konkret: Wo befindet sich wer? Was ist die Situation? Und dann sofort mit erster Aufgabe beginnen: So kommt man mühelos in die Aufgabe, ohne viel Zeit zu verlieren.

TIPP

Kein Konzept machen! Die Aufgabenstellung präzise am konkreten Text erfüllen, dabei in Blick auf die Aufgabenstellung am Text entlanggehen. Die Vorarbeit wurde bereits durch Notizen, Unterstreichungen und Farben geleistet. Jetzt liegt ein klares Textverständnis vor, das die Integration verschiedener Zitate aus dem Text (in KA/Abi: Zeilenangaben vom Aufgabenblatt, nicht aus dem Buch!) ermöglicht. Grundsätzlich muss alles am Text belegt werden, auf Spekulationen außerhalb des Textes ist zu verzichten!

Erste Aufgabe (nur Beginn)

ÜBUNG

Aufgabenstellung: „Interpretieren Sie den Textauszug im Kontext der vorange-gangenen Handlung"

Hinführung
Einleitender Satz
Interpretationsansätze
Integrierte Zitate (Zeilenangabe bezieht sich auf die Textvorlage!)

BEISPIEL

Beispiel einer Schüler-Lösung (visualisiert):

Die Ideale der Dantonisten stehen im Kontrast zu denen der Jakobiner, speziell Robespier-res. Während Robespierre das Volk gegen Danton aufhetzt, hält sich dieser in Spielkasinos und bei Grisetten auf und kümmert sich nicht um die drohende Gefahr. Warnungen von Außenstehenden nimmt er nicht ernst und sieht es nicht ein zu fliehen. Camille verbringt, als einer von Dantons engsten Freunden, viel Zeit mit ihm und drängte ihn bereits selbst mehrmals zum Handeln.

Camille und Lucile halten sich in einem Zimmer auf, aus dem Danton gerade hinausge-rufen wurde. Dem geht eine Diskussion über den Realitätsverlust des Volkes voraus, wobei Lucile nur als Beobachter anwesend ist.

Als Danton den Raum verlässt, wendet sich Camille seiner Partnerin zu und fragt diese, was sie zur Thematik „[sage]" (Z. 1). Obwohl die Frau zur damaligen Zeit einen geringeren Stellenwert hat als der Mann, scheint Camille Wert auf ihre Meinung zu legen. „Nichts" (Z. 2) habe sie dazu zu sagen, jedoch „[sehe]" (Z. 2) sie ihn „so gern sprechen" (Z. 2). Es kommt Lucile, welche wenig Ahnung von Politik hat, nicht auf den Inhalt an. Es reicht ihr vollkommen, wenn sie ihrem Geliebten beim Sprechen zuhören, seine Stimme vernehmen und ihn bewundern kann. Zu Recht fragt Camille also exakter nach, ob sie ihn denn auch „[höre]" (Z. 3), was sie mit einem selbstverständlich klingenden „Ei freilich" (Z. 4) beant-wortet. Allerdings bedeutet „[sehen]" (Z. 2) und „[hören]" (Z. 3) keineswegs verstehen, wissen, wovon die Rede ist. An ihrem Ignorieren der Frage, ob er „Recht" (Z. 5) habe und ihrer betonten Verneinung der Frage, ob sie wisse, „was [er] gesagt habe" (Z. 5), sieht man deutlich ihr Desinteresse am eigentlichen Inhalt der Diskussion. Dass sie trotzdem anwesend ist, zeugt von ihrem Interesse an Camille.

3.3 Zweite Aufgabe (100–120 Minuten, 5–7 Seiten)

– Hier ist von unschätzbaren Vorteil, wenn man die Gemeinsamkeiten und die Unter-schiede zwischen den drei Werken detailliert im Kopf hat!
– Noch einmal genau überlegen, welche Parallelen oder Unterschiede bei den ver-schiedenen Personen in den drei Werken gefordert werden. Aufgabenstellung genau lesen!

- Die Aufgabe mit einem Einleitungssatz beginnen, hier wieder die Aufgabenstellung umformuliert aufnehmen und kurz nochmals die Werke und Dichter benennen.
- Die zweite Aufgabe mit einer zusammenfassenden Abrundung der Gesamtthematik sprachlich gekonnt beenden.
- Das Werk, das bei der Aufgabenstellung die meisten Vertiefungsansätze bietet, ins Zentrum rücken. Zitate zur Aufgabenstellung heraussuchen, diese mit Seitenzahl und Zeilenangabe auf ein Schmierblatt in der Mitte untereinander schreiben und kurz den Inhalt des Zitats vermerken (2–3 Inhaltswörter), es nicht abschreiben! Links von der Kolumne das 2. Werk und rechts davon das 3. Werk zu den Zitaten in Beziehung setzen, also parallel oder unterschiedlich zum Zentralwerk in der Mitte. Auch bei den anderen Werken Zitate mit Seitenzahl etc. heraussuchen. So ergeben sich drei Reihen. Jetzt alle Zitate vom Zentralwerk wegstreichen, die sich nicht oder nur schlecht mit den anderen zwei Werken vergleichen lassen. Dann die Zitate durchnummerieren und in dieser Reihenfolge die 2. Aufgabe mit Zitatbelegen vertiefen. Dies ist nur zu leisten, wenn man die wesentlichen Textstellen auswendig im Kopf hat und innerhalb von Sekunden findet!
- In der 2. Aufgabe nochmals alles geben, hier trotz Konzentrationsschwäche und Lustlosigkeit für eigene Klassenarbeit /Deutsch-Abitur kämpfen! (Denk an Rocky, Kapitel 1.7, S. 19) Hier müssen die geleisteten Vorarbeiten zu Hause voll zum Tragen kommen. Wer lange über die Gemeinsamkeiten bzw. Unterschiede grübeln muss, dann die Zitate im Roman nicht findet und dies alles noch unter Zeitdruck, kann die angemessene Bewältigung dieser Aufgabenstellung vergessen! Er wird kaum über die Inhaltsebene hinaus kommen! Präzise Zitate aus den verschiedenen Werken bieten die Chance, auch beim Vergleich vertiefend interpretieren zu können.

Zweite Aufgabe

ÜBUNG

Aufgabenstellung: „Untersuchen Sie in einer vergleichenden Betrachtung die Bedeutung, die Lucile für Camille, Sabeth für Faber und Agnes für den Ich-Erzähler hat."

Einleitung
Frisch: „Homo faber"
Stamm: „Agnes"
Büchner: „Dantons Tod"
Verschmelzung mehrerer Werke

BEISPIEL

Beispiel einer Schüler-Lösung (visualisiert):
In den drei Werken „Agnes" (A) von Peter Stamm, „Dantons Tod" (D) von Georg Büchner und „Homo faber" (H) von Max Frisch spielen die Frauenfiguren Rollen unterschiedliche Bedeutung für ihre jeweiligen Partner.

Während Lucile und Camille in „Dantons Tod" eine sehr innige, glückliche Beziehung führen, sind die, wenn auch unbewussten, Absichten von Faber (H) und dem Ich-Erzähler (A) nicht auf wahre Liebe zurückzuführen. Faber begegnet Sabeth auf einer Reise und zeigt sich sofort fasziniert. Von Anfang an erwähnt er ständig ihre „Ähnlichkeit" (S. 80/H) zu seiner Jugendliebe Hanna. Und auch, wenn er diese verneint, ist es doch ein Zeichen dafür, dass er Sabeth mit Hanna in Verbindung bringt, dies aber nicht wahrhaben will. Auch im Zusammenhang mit seinem völlig überstürzten Heiratsantrag an das Mädchen, das er kaum kennt, erwähnt er ihr „Hanna-Mädchen-Gesicht" (S. 94/H). Aufgrund dieser Brücke zu Hanna und der Sinnlosigkeit des Antrags an eine Fremde ist zu vermuten, dass der Antrag eigentlich Hanna galt, dass er den Kontakt zu Sabeth nur aufnimmt, um die ihn belastende Vergangenheit aufzuarbeiten, er sich nicht direkt in sie verliebt, sondern von seiner Liebe zu Hanna gesteuert wird. Sabeth wird so nicht wie Lucile zur Geliebten, sondern lediglich zu einem Mittel zum Zweck. Ähnlich ist es bei Agnes. Der Ich-Erzähler schreibt selbst, dass er sich nicht sofort „in sie verliebt" (S. 14/A) habe. Dennoch wirken seine Gedanken schon zu Beginn des Romans, als seien sie bereits ein Paar. Obwohl er sie kaum kennt, malt er sich die gemeinsame Zukunft aus, hat sogar schon „Zweifel" (S. 17/A). Wenn er sich bereits ohne Liebesgefühle so hingibt, ist es in Frage zu stellen, ob er je wirklich Gefühle hatte. Hinzu kommt, dass er den Verlauf der Beziehung sehr lieblos darstellt. Er beschreibt Agnes als ein „Kleidungsstück" (S. 22/A), an das man sich „gewöhnt" (S. 22/A). Sie „gewöhnten sich aneinander" (S. 22/A). Von Liebe, Gefühlen ist gar keine Rede. Agnes wird nicht zur Geliebten, sondern zu einer Sache, die dem Ich-Erzähler gerade recht kommt, da er am Abend des Kennenlernens sowieso schon „die Leere des Abends" (S. 14/A) spürte.

An anderer Stelle beschreibt er eine „körperliche Abhängigkeit" (S. 61/A). Es sei, als „dringe" (S. 61/A) etwas in ihn ein. Dieses negativ konnotierte Eindringen scheint gegen seine Bereitschaft dazu zu geschehen. Die Beziehung zu Agnes stört ihn scheinbar sogar, da sie ihn in seinem Freiheitsdrang eingeschränkt. Faber ist ebenso wie der Ich-Erzähler ein Mann mit einem gestörten Verhältnis zu Beziehungen. Beide verbringen ihre Zeit lieber allein. Dies trifft bei Faber nur gegenüber Hanna und Sabeth nicht zu. Da Sabeth ihn an Hanna erinnert und es „[nur] mit Hanna" (S. 100/H) „nie absurd gewesen" (S. 100/H) ist, kommt er mit ihr zurecht. Hanna gegenüber hatte Faber weniger Probleme mit Nähe und Bindung, da seine aufrichtige Liebe zu ihr stärker war. Diese Gefühle zu Hanna projiziert Faber unbewusst auf Sabeth…

… Auch Faber zieht seinen Nutzen aus der Zeit mit Sabeth. Er selbst sieht sich als Techniker, der es gewohnt ist, „die Dinge zu sehen, wie sie sind" (S. 24/H). Dabei macht er sich selbst etwas vor, unterdrückt seine wahre Persönlichkeit mit der Technik und führt ein eigentlich verfehltes Leben. Erst durch Sabeth legt Faber die Kamera weg, durch die er eine Distanz zwischen sich und dem Leben hält. Bei Sabeths Abschied vom Schiff „[filmt]" (S. 95/H) er nicht, obwohl er dies aus Gewohnheit „[wollte]" (S.95/H). Nach einer gewissen Zeit lässt er sich sogar auf ein Spiel mit Sabeth ein, bei dem sie den Dingen um sie herum andere Namen geben. So werden die „schwarzen Felsen" (S. 150/H) zu „Kohle" (S. 150/H) und „[das] Wiehern eines Esels" (S. 150 f./H) zu dem Ton einer „ungeschmierten Bremse" (S. 151/H). Dieses Spiel steht deutlich im Kontrast zu Fabers eigentlicher Abwehr gegen das Erleben und im Kontrast zu seinem Technikerbild. Sabeth bewirkt bei Faber also eine Veränderung hin zu seinem eigentlichen Sein.

Ähnlich wie Agnes dient auch Lucile gegenüber Camille als Ansporn oder wie Sabeth als Hilfe. Lucile erkennt die Gefahr, in der sich Camille befindet, warnt ihn und drängt ihn zum Handeln. Als er verhaftet wird, besucht sie ihn am Fenster und lässt ihn nicht alleine. Auch sonst merkt man in den Gefängnisszenen deutlich Luciles Bedeutung für Camille. Er denkt viel über sie nach und in der Todesangst fantasiert er von ihren „Küsse[n] […] auf [s]einen Lippen" (S. 73/D), wobei „jeder Kuss ein Traum" (S. 73/D) wird, den seine Augen „fest [einschließen]" (S. 73/D). Camille klammert sich in diesen schweren Stunden an seine Erinnerungen mit Lucile, denn diese gibt ihm Halt und Kraft die Zeit durchzustehen…

…Einen großen Unterschied der drei Werke findet man in Hinblick auf das Verhalten vor (D) beziehungsweise nach dem Tod (A und H). Der Ich-Erzähler riskiert, fordert Agnes' Suizid sogar heraus, indem er die fiktive Geschichte, wissend, dass Agnes diese umsetzen will, mit ihrem Suizid enden lässt. Als Agnes spurlos verschwindet und unklar ist, ob sie sich nun umbringt oder einfach endlich einen Schlussstrich unter die Beziehung zieht, macht der Ich-Erzähler sich keine Sorgen, scheint nicht einmal ein schlechtes Gewissen zu haben. Er stellt lediglich kaltherzig fest, dass Agnes „nicht zurückgekommen" (S. 153/A) sei, und geht nicht ans Telefon, als dieses klingelt. Spätestens hier ist nicht mehr anzuzweifeln, dass er die fiktive Agnes, also sein Bild von ihr, liebt und nicht sie.

Faber macht sich nach Sabeths Tod Vorwürfe, versucht sich aber immer wieder zu beruhigen, sich einzureden, dass er nichts dafür konnte. Letztendlich ist er allerdings schon allein deswegen schuldig, weil er im Krankenhaus nur den Schlangenbiss, nicht aber den Sturz, an dessen Folgen sie stirbt, erwähnt. Nach ihrem Tod findet er zurück zu Sabeths Mutter, die zugleich seine Jugendliebe ist, und startet eine neue Beziehung, obwohl er gerade noch mit ihrer Tochter, die zugleich auch seine ist, zusammen war.

Camille denkt im Angesicht des Todes nur an Lucile. Als man die Gerichtsordnung zugunsten der Gegner Dantons verändert, ist Camilles erster Ausruf, dass „[die] Elenden" (S. 69/D) seine Lucile „morden" (S. 69/D) wollen. Dass er ebenso getötet wird, steht für ihn im Hintergrund. Wie es in einer richtigen Beziehung sein sollte, stellt Camille seine Geliebte über sich selbst und denkt an sie, bevor er an sich selbst denkt. Dies ist nur darauf zurückzuführen, dass Camille Lucile ebenso liebt wie umgekehrt. Ihre Liebe ist so stark, dass nur der gemeinsame Tod eine Option für Lucile darstellt. Daher provoziert sie nach seiner Hinrichtung auch die ihre.

3.4 Schluss (15 Minuten, 1 Seite)
– Schluss sollte die Thematik aller (!) verglichenen Werke (siehe zweite Aufgabe) umfassen!
– Mehrere Varianten eines möglichen Schlusses müssen zu Hause in groben Zügen durchdacht worden sein, um dann gemäß der Aufgabenstellung (!) aufgeschrieben zu werden. Also: Stichworte vorher überlegen (z.B. Bildnisproblematik, Beziehungsstörung etc., aber auf die Thematik der gesamten Aufgabe achten, nicht nur abspulen! Welche Anfragen an Gesellschaft/Menschen/Partnerbeziehungen gelten noch heute und harren ihrer Lösung? (Aktualisierung/eigene Meinung nicht vergessen!)
   · Zeit: wenn Gelerntes und Thematik passen, nur wenige Minuten! (sich während der KA Ideen für einen angemessenen Schluss notieren!)
   · Anforderung: sprachlich brillant und ohne Fehler!

Schluss

Verschmelzung von „Homo faber" und „Agnes"
Büchner: „Dantons Tod"
Aktualisierung / Meinung

BEISPIEL **Beispiel einer Schüler-Lösung (visualisiert):**
Während wir in „Dantons Tod" in Lucile und Camille den Idealfall einer Liebe vorfinden, der nur durch den Tod belastet ist, sind es bei „Agnes" und „Homo faber" viel mehr die Protagonisten selbst, die sich durch Beziehungsunfähigkeit und durch ihre verzogene Wirklichkeit den Weg zum Liebesglück verstellen. Für eine funktionierende Beziehung werden eine gewisse Offenheit, der Wille dazu sowie die Akzeptanz der eigenen Persönlichkeit vorausgesetzt. Der Ich-Erzähler (A) und Faber (H) sind zu sehr in sich selbst gefangen, um lieben zu können. Beide sind geprägt durch ihre Vergangenheit. So ist es doch in Frage zu stellen, wie sie jemanden lieben sollen, solange sie mit ihrer Vergangenheit nicht abgeschlossen haben und sich selbst nicht akzeptieren können. Wer nie gelernt hat zu lieben, hat es schwer im Alltag. Eifersucht, Einsamkeit, Sehnsucht im ständigen Wechsel sind vorprogrammiert. Ebenso ist der Kontrollzwang gegenüber dem Partner oftmals eher als mangelndes Vertrauen gegenüber der eigenen Person zu sehen. Die Betroffenen haben viel mehr ein Problem mit sich selbst als mit dem Partner und können aufgrund ihrer Selbstzweifel nicht darauf vertrauen, dass die Partnerschaft ohne Kontrolle funktioniert. Letztendlich sind derartige Beziehungen ohne funktionierende Kommunikation zum Scheitern verdammt, da sie von Anfang an keine Basis haben.

4. Durchlesen (20 Minuten)
Die ganze Arbeit zwei- bis dreimal durchlesen, besonders auf die eigenen Fehlerquellen (Kommasetzung, Rechtschreibung, Präsens bei der Inhaltsangabe usw.) achten!

2. Textinterpretation: Lyrik (Aufgabe II)

Lyrik – von vielen geliebt, aber von noch mehr gehasst: An Lyrik scheiden sich die Geister. Lyrik ist auch nicht unbedingt meine persönliche Lieblings-Gattung (mein Herz schlägt deutlich stärker für die Pflichtlektüre, der ich mehr abgewinnen kann). So hole ich auch manchen Lyrik-Rat bei meiner Deutsch-Kollegin am Tisch. Wenn es dem einen oder anderen von euch ähnlich ergeht, wenn ihr nur staunend vernehmt, aus welchen Tiefen manche eurer Mitschüler Geistesblitze, Bilder und Interpretationen aus Gedichten ans Tageslicht, aufs Papier fördern und ihr nur denkt „wow, super, da wäre ich nie drauf gekommen!", dann müsst ihr etwas tun und üben.[8] Lyrik ist nicht so „daneben", wie du denkst. Mit meinen Tipps zum „Lyrik-Sieg"! Und wenn nicht gleich zum Sieg, so doch wenigstens zum Durchblick, ist ja auch schon was!

Kennst du das Sprichwort „Ein schlechter Geselle schimpft immer auf sein Werkzeug"? Vermutlich nicht. Aber dir ist die Aussage klar! Hier gutes Werkzeug für dich! Übersetze „gut" mit *klar* und „Werkzeug" mit *Tipps*, und diese dann noch angewandt, dann muss es klappen. Komm, auf, glaub' ein bisschen an dich und mich, das packen wir!

Das Lyrik-Handwerkszeug

2.1 Metrum (Versfuß)
(Versfuß: Wechsel von Hebung und Senkung)

Name	Betonung	Interpretationsansatz
Jambus	unbetont / betont Bsp: „Ge**tan**" (x **X**)[9]; „Es **schlug** mein **Herz**" (x **X** x **X**) Vers beginnt mit einer oder mehreren unbetonten Silben	Steiger (Beginn: Senkung); im Deutschen meist Beginn mit Einsilbern (Artikel etc.). wirkt **weich, gleitend**; bei erzählenden und betrachtenden Gedichten
Trochäus	betont / unbetont Bsp: „**Geh**en" (**X** x); „**Mit**ten **wir** im **Le**ben" (**X** x **X** x **X** x)	Faller (Beginn: Hebung); wirkt **ernst, fest, eindringlich oder feierlich**; auch: gesellige Gedichte (wg. „Plauderton")

---

8 Eine Möglichkeit: Klaus Schenck: „Königs Fitness Deutsch. Analysieren und Interpretieren: Lyrik." 3. Auflage. Hollfeld: Bange Verlag, 2014.
9 kleines x=unbetont; großes X=betont

Name	Betonung	Interpretationsansatz
Daktylus	betont / unbetont / unbetont Bsp: „**Dak**tylus" (**X** x x); „**Eh**ret die **Frau**en!" (**X** x x **X** x)	klingt oft **fröhlich**, aber auch **bewegt, feierlich, ernst**, Ausdruck lebhafter Empfindung, tänzerisch, aber auch mahnend
Anapäst	unbetont / unbetont / betont Bsp: „Ana**päst**" (x x **X**) „Wie mein **Glück**, ist mein **Leid**." (x x **X** x x **X**)	im Deutschen selten; klingt oft **fröhlich, aber auch bewegt, feierlich, ernst**

2.2 Verszeilen

Bezeichnung	Definition	Wirkung/Verwendung	Beispiel
Blankvers	fünffüßiger (fünfhebiger) Jambus ohne Reim	pathetisch, leicht dahinplätschernd, humorvoll; klassischer Dramenvers	Wie **in** der **Gött**in **stil**les **Hei**lig**tum** (x **X** x **X** x **X** x **X** x **X**) In diesem Beispiel aus Goethes *Iphigenie auf Tauris* **männlicher (betonter)** Ausgang, daher zehn Silben Durch **die**se **hoh**le **Gas**se **muss** er **kom**men (x **X** x **X** x **X** x **X** x **X** x) In diesem Beispiel aus Schillers *Wilhelm Tell* ein **weiblicher (unbetonter)** Ausgang, daher elf Silben
Knittelvers	paarweise gereimter Vierheber mit freien Senkungen und freiem Auftakt, unstrophig	gilt als bieder, volkstümlich, oft in Balladen	**Ha**be nun **ach** ^ **Phi**lo**so**phie / Juristerei und Medizin, Und leider auch Theologie / Durchaus studiert, mit heißem Bemühn. (**X** x x **X** **X** x x **X**) (Johann Wolfgang Goethe: *Faust I*)
Hexameter	sechshebiger Daktylus, letzter unvollständig, reimlos	pathetisch, gemüt- und humorvoll	**Pfle**gend und **wie**der ge**pflegt** mit dem **flei**ßigen **Men**schen zu**sam**men (**X** x x **X** x x **X** x x **X** x x **X** x x **X** x x **X** x) (Friedrich Hölderlin: *Die Eichbäume*)

Bezeichnung	Definition	Wirkung/Verwendung	Beispiel
Alexandriner	sechshebiger Jambus, Zäsur nach der 3. Hebung	wirkt wegen seiner Länge schwerfällig; besonders beliebt im Barock (Sonett), eignet sich besonders für Antithesen	Du **siehst**, wo**hin** du **siehst**, / nur **Ei**tel**keit** auf **Er**den (x X x **X** x **X** x **X** x **X** x **X** (x)) (Andreas Gryphius)
Freier Rhythmus	kein wiederkehrendes, einheitliches Metrum, reimlos, unterschiedliche Strophen- und Verslänge, Rhythmus bestimmt von Ausdruckskraft der Worte, „Füllungsfreiheit"	prosanahe Redeweise	Mit der Eisenbahn lernen wir zur Oma fahrn. Das macht Spaß. (Wolf Biermann)

2.3 Reim (Versschluss/Kadenz)

Bezeichnung	Definition	Wirkung/Verwendung	Beispiel
Männlicher Reim	letzte Silbe ist betont: einsilbig oder auf eine Hebung endend	fest und bestimmt, Ende mit sinngebendem Wort	Ge**stalt**; ...**Tod** / ...**Not**
Weiblicher Reim	letzte Silbe ist unbetont: zweisilbig (eine Hebung und eine Senkung)	weich, Tonlosigkeit am Schluss (so die meisten deutschen Zweisilber)	**wer**den; **Wor**te; **sin**gen; **klin**gen
Reiner Reim („Vollreim")	vollkommene lautliche Übereinstimmung		Geht / fleht

Bezeichnung	Definition	Wirkung/Verwendung	Beispiel
Unreiner Reim („Halb-reim)	nur unvoll-kommene vokalische oder konso-nantische Überein-stimmung		Blüht / flieht; neige / schmerzensrei-che
Kadenzwech-sel	männlich und weiblich schließen-de Wörter wechseln sich ab		

Allein damit, dass du statistisch männliche und weibliche Kadenzen (Reime) auflistest, ist noch nicht viel gewonnen. Du musst deine Kenntnis in Bezug zur Interpretation setzen. Also, wie kannst du dein Fachwissen zur Interpretation nutzen? Du verbindest die Reimwörter, die natürlich durch mehrere Zeilen getrennt sein können, miteinander und überlegst, ob sich nicht so ein Interpretationsansatz für dich ergibt. Entscheidend für den Reim ist der **Klang**, nicht das Druckbild.

Hier nochmals die unterschiedlichen Begriffe:
- **Reim:** gereimt oder reimlos
- **Versfüllung:** Metrum (Wechsel von Hebung und Senkung)
- **Verslänge:** Anzahl der Hebungen pro Vers (Zeile)
- **Versschluss:** männlich/weiblich
- **Versteilung:** mit oder ohne Zäsur (Einschnitt).

Die Reimordnungen
Wir beginnen mit der Unterscheidung nach der **Stellung des Reims**. Da gibt es:

- **Anfangsreim:** Die ersten Silben zweier aufeinanderfolgender Zeilen reimen sich.
  Beispiel: *Krieg! Ist das Losungswort*
                      Sieg! Und so klingt es fort. (Johann Wolfgang von Goethe)
- **Binnenreim:** Zwei oder mehrere Wörter in einer Zeile reimen sich.
  Beispiel: *Es lispeln und wispeln die schlüpfrigen Brunnen* (Johann Klaj)
- **Endreim:** Die letzten Silben am Ende zweier oder mehrerer Verse reimen sich.
  Beispiel: *Das Schiff geborsten. Das Feuer verschwelt.*
                      Gerettet alle. Nur einer fehlt. (Theodor Fontane)

- **Reimwaise:** reimlose Zeile innerhalb einer gereimten Strophe, muss mit x, y, z gekennzeichnet werden (darf nicht fortlaufend sein)

  Beispiel:

Ein Freund ging nach Amerika	x
*Und schrieb mir vor einigen **Lenzen**:*	a
Schicke mir Rosen aus Steiermark,	y
*Ich hab' eine Braut zu **bekränzen**!*	a

  (Peter Rosegger)

Verschiedenen Formen des Endreims

- **Paarreim:** mit Reimschema aa bb cc

  Beispiel:

*Ich geh' im Urwald für mich **hin**... .*	a
*Wie schön, dass ich im Urwald **bin**;*	a
man kann hier noch so lange <u>wandern</u>,	b
ein Urbaum steht neben dem <u>andern</u>.	b

  (Heinz Erhardt)

- **Kreuzreim:** mit Reimschema abab cdcd

  Beispiel:

*Wir schreiten auf und ab im reichen **flitter***	a
Des buchenganges beinah bis zum <u>tore</u>	b
*Und sehen außen in dem feld vom **gitter***	a
Den Mandelbaum zum zweitenmal im <u>flore</u>.	b

  (Stefan George)

- **Umschließender / umarmender Reim:** mit Reimschema abba

  Beispiel:

*Ein reiner Reim ist sehr **begehrt**,*	a
doch den Gedanken rein zu <u>haben</u>,	b
die edelste von allen <u>Gaben</u>,	b
*das ist mir alle Reime **wert**.*	a

  (Johann Wolfgang von Goethe)

- **Haufenreim:** mit Reimschema aaaa

  Beispiel:

Auf den hohen Felsenklippen	a
sitzen sieben Robbensippen	a
die sich in die Rippen stippen	a
bis sie von den Klippen kippen	a

  (unbekannt)

- **Schweifreim:** mit Reimschema aab ccb

  Beispiel:

*Durch Feld und Wald zu **schweifen**,*	a
*Mein Liedchen **wegzupfeifen**,*	a
So geht's von Ort zu <u>Ort</u>!	b
Und nach dem Takte reget,	c
Und nach dem Maß beweget	c
Sich alles an mir <u>fort</u>.	b

  (Johann Wolfgang von Goethe)

– **Verschränkter Reim:** mit Reimschema abcabc

Beispiel:

Wozu, o Mond, mit deinem **Strahlenschimmer**	a
Hat dich ein Gott in Lüften <u>aufgehangen</u>,	b
Als daß die Lieb in deinem Licht soll wallen?	c
Die Liebe wallt in deinem Lichte **nimmer**,	a
Der Docht in deiner Lamp ist <u>ausgegangen</u>,	b
Und deine Scherben laß vom Himmel fallen.	c

(Friedrich Rückert)

2.4 Epochen

Epochen können helfen, einen Gedichttext und das darin angesprochene Problem oder das lyrische Bild vertiefend zu deuten. Wird von dir eine Epochenzuordnung erwartet, müssen Epochen vorher im Unterricht behandelt worden sein, sonst ist die Aufgabe nicht lösbar. Dieser Überblick hier ist nur als Wiederholung sinnvoll, daher die extrem verkürzte Darstellung. Ich nehme für dich den Epochenvergleich aus meinem Lyrik-Trainingsband: „Königs Fitness. Analysieren und Interpretieren: Lyrik." 3. Auflage. Hollfeld: Bange, 2014. Dieser Trainingsband wurde für „Lyrik-Blindfüchse" geschrieben und setzt bei der „Unwissenheit" an, ein „Überlebens-paket für Deutsch-Muffel", so charakterisierte ich den Band in meinem Vorwort.

Beim Gedichtvergleich wird oft das erste Gedicht aus einer der ersten der dargestellten Epochen stammen, teilweise auch das zweite, die Grenze liegt meist beim Expressionismus. Aus diesem Grund wurde in Blick auf die Lyrik die Zäsur bei 1933, also noch über den Expressionismus hinaus, angesetzt.

TIPP Wiederhole mit dieser Tabelle die Epochen, die ihr im Unterricht durchgenommen habt, mehr kannst du nicht tun!

Im Klartext: Sollte von dir eine Epochenzuordnung bei den Gedichten erwartet werden, so hast du mit diesem Überblick klare Marksteine, an denen du dich orientieren und den Stoff aus dem Unterricht verankern kannst. Insgesamt gilt auch hier: Spule nicht dein Wissen ab, sondern zeige dein Wissen an dem Gedicht, indem du dieses mit der Epoche verknüpfst. Hier noch schnell eine weitere Hilfe aus meinem Lyrikbuch:

Formulierungshilfen:
– *Dieses Gedicht ist typisch für die Epoche …, viele traf das gleiche Schicksal.*
– *Die Zeit war gekennzeichnet durch…*
– *Die zentralen Themen des Gedichtes spiegeln sich auch in der Epoche wider, und zwar …*
– *Mit diesem Gedicht ist der Dichter ein Kind seiner Zeit …*
– *Die Interpretation wird noch weiter durch den Bezug zur Epoche vertieft …*

Epoche	Barock (um 1600–1720)	Aufklärung (um 1720–1785)	Sturm und Drang (um 1767–1785)
Kennzeichen	Tod ist allgegenwärtig, alles Irdische ist nur Schein und Trug, Spannungsfeld von Lebensfreude und Todesbangen, Weltgenuss und Jenseitssehnsucht, Vergänglichkeit, Memento mori, Vanitas-Gedanke, carpe diem, kunstvolle Anwendung poetischer Formen, große Vielzahl rhetorischer Figuren, v. a. Metaphern, Allegorien, Antithesen	Glaube an die Vernunft, Optimismus, Humanität, Kritik an kirchlichen Autoritäten Rationalismus, Pietismus und Empfindsamkeit, strenge Forderung nach Einhaltung literarischer Regeln, oft Naturbetrachtungen im Mittelpunkt	Literarische Rebellion 20- bis 30-Jähriger, Verletzung der Geschmacks- und Moralvorstellungen, Frontalangriff gegen die rationale Aufklärung, Vernunft als degenerierte Vernünftelei, nun: Künstler als Neuschöpfer, Originalgenie als Schlagwort – ein unabhängiges Individuum, vital, erdverbunden, aufbegehrend, oft ungehobelt, stets unmittelbar, edel und großmütig, kraftvoll und kompromisslos, entscheidend: Gefühl, nicht maßvoll und vorsichtig; Zertrümmerung literarischer Formen, gestammelte Satzfetzen und viele Kraftwörter

Empfindsamkeit (1730–1800)
gegen reinen, kühlen, seelenlosen Rationalismus, daher subjektiver Gefühlsüberschwang bis zur Rührseligkeit, Freundschaftskult und Schwärmerei

Anakreontik (1740–1770)
gepflegte Liebes- und Freundschaftslyrik, heiter-graziöse Verse und Kurzgedichte, meist spielerisch-elegante Lieder um Liebe und Wein, schlichte, klare Sprache

Epoche	Klassik (1786–1805)	Romantik (1795–1848)
Kennzeichen	Begegnung mit der Antike, Johann Joachim Winckelmanns „Geschichte der Kunst des Altertums": Schönheitsideal ist „edle Einfalt und stille Größe", Harmoniestreben, ausgleichendes Miteinander von Gefühl und Verstand, Natur und Kultur, die Existenz des Schönen als Ausdruck der Freiheit in der Erscheinung selbst, beim Menschen die „moralische Schönheit", deren Ausdruck die Anmut ist. „Balladenjahr" 1797, form-bewusste, auf alles Grelle, Gekünstelte und Gewaltsame verzichtende Dichtung	Angst vor Fortschritt u. Veränderung, nationale konservative Haltung, intensives Erleben der Umwelt, Mischung von Poesie u. Prosa, Genialität u. Kritik, Kunstpoesie u. Naturpoesie, Steigerung des schöpferischen Ichs ins Universale, vereinen von Gegensätzen, von Traum u. Wirklichkeit, Einheit aller Dinge, Aufgehen empirischer Realität in höherer Wirklichkeit, Sehnsucht nach höherer Welt, nach Ewigkeit, nach Eingehen in den Kosmos, von subjektiver Innerlichkeit beherrschtes Lebensgefühl, Phantastisches, Unerklärliches, Verborgenes, Bedrohliches, Nacht als Bild für Mysteriöses u. Rauschhaftes, „Blaue Blume" als mythisches Objekt der Sehnsucht, dem Streben nach Harmonie, offene, bruchstückhafte, uneinheitliche Werke. Musikalität der Sprache, Schlichtheit, Volksliedhaftigkeit

Epoche	*Biedermeier* *(1815–1848)*	*Junges Deutschland und Vormärz (1835–1848)*	*Realismus (1840–1897)*
Kennzeichen	Aufgrund der Restauration unpolitisch, zeigt Heimatverbundenheit, Pflege des Althergebrachten, schlichte Genügsamkeit, Bändigung der Leidenschaften, mitunter Schwermut, Suche nach dem persönlichen Glück, Rückzug ins Private, Zuwendung zum Kleinen, Alltäglichen, neben Häuslichkeit leidvolle Welterfahrung, Zerrissenheit; Naturlyrik als etwas Unheimliches und Bedrohliches, als magische Dimension oder als Kern wahrer Humanität; Bevorzugung kleiner literarischer Formen, formale Strenge u. leise, eindringliche Töne, Musikalität	Revolutionäre, politisch engagierte Literatur, gegen den Absolutismus u. die dogmatische Kirche gerichtet; bis zum März 1848 (Märzrevolution) zunehmende Radikalität, Ziel: Überwindung moralischer Konventionen, Meinungsfreiheit, Demokratie, soziale Gerechtigkeit u. Emanzipation der Frau; phrasenhaft-pathetische Züge, z. T. gefährlich nationalistische Töne	Hinwendung zur Realität, ‚Wirklichkeitstreue'; zentral sind gesellschaftliche Verhältnisse, bürgerlicher Mensch u. seine Lebensverhältnisse; der gute, moralische u. tüchtige Bürger ist erfolgreich, der unmoralische endet im Ruin; Problematik wirtschaftl. u. sozialer Konflikte, Verstrickung des Individuums in politischen Verhältnissen seiner Zeit, im Intrigenspiel; Tragik aus dem Widerspruch zwischen Individuum und Gesellschaft

Epoche	*Naturalismus* *(1880–1900)*	*Impressionismus (1883–1923)*
Kennzeichen	Gleichung Kunst = Natur – x (Arno Holz), möglichst getreue Wiedergabe der Natur, geprägt durch exakte Beschreibungen; Proletariat als Thema, Gesellschaftskritik, Aufruf zu Humanität u. Toleranz, aus Solidarität mit Proletariat Interesse am Sozialismus, mitunter satirisch, grotesk, experimentelle Prosa, Dialekt u. Alltagssprache, exakte Erfassung von Mienenspiel und feinsten Bewegungen, Zeitdeckung, Sekundenstil, ausführliche Regieanweisungen über Pausen, Sprechtempo, Lautstärke beim Drama	Eindruck; l'art pour l'art (Kunst um der Kunst willen), persönlicher Eindruck des Augenblicks, vorübergehende Eindrücke, Wiedergabe von Stimmungen, sehr unpolitisch, Alltagsleben, Klangfarben, Stimmungen stärker betont als formale Strukturen, Assoziationen, Loslösung von traditionellen Formen, Gedankensplitter; Bemühung um das treffende Wort, Beiordnung der Aussagen, u. a. durch Synästhesie und Oxymoron, Themen: Liebe und Tod, Kunst und Leben

Epoche	Expressionismus (1910–1925)	Symbolismus (1883–1923)	Neue Sachlichkeit (1919–1933)
Kennzeichen	Ausdruck; Abgrenzung zu Naturalismus, Impressionismus, radikal-subjektiver Sprachgestus, „Menschheitserneuerung", vorwiegend existentielle u. gesellschaftsrelevante Themen, wie Groteske oder Paradoxe allgemeinmenschlicher Existenz; Identitätsverlust, Vater-Sohn-Konflikt, sexuelle Besessenheit, Dynamik und Zerrissenheit, Großstadtproblematik u. Repressionen des wilhelminischen Deutschlands; Sukzessionen von dunklen, grausam-triebhaften u. morbiden, stilisiert-abstrakten Bildern; Telegrammstil, Vanitasdichtung des 16. Jhs., häufig Allegorien, Bildverdichtung und Typisierung, Stationentechnik (locker aneinandergereihte Szenen), Verknappung (Einakter) verzerrte Perspektiven, grotesk-phantastische Darstellung psychischer Prozesse, nach 1. Weltkrieg radikalpazifistisch-linksorientiert	Steigerung der Musikalität der Sprache, Verwendung von Symbolen, Chriffren, idealistisch, teilweise spiritualistisch	sachlich-objektive, gegenständliche, präzise Darstellung, minuziöse Beobachtung der Wirklichkeit; überscharfe Zeichnung des Gegenstandes, der so häufig bewegungslos u. starr wirkt; analytische Kälte und Atmosphärelosigkeit, stilisierte exakte Wiedergabe des Alltags, kompromisslose Gegner der heuchlerischen Moral der bürgerlichen Gesellschaft; Roman als bevorzugte Gattung, Monumentalroman, politisch-gesellschaftskritische Satiren, Gebrauchslyrik

2.5 Schritte zum Lyrik-Erfolg

Stoffsammlung
Die Fachbegriffe und die Epochen haben wir hinter uns, jetzt geht's ran ans Gedicht! Nun kommt der Fragenkatalog (Stoffsammlung).

TIPP Lerne diesen Fragenkatalog auswendig, dann hast du ein Instrumentarium, welches du in der Lyrik-Interpretation mühelos einsetzen kannst!

FRAGENKATALOG	Deine Stoffsammlung
Allgemeines	
Verfasser	
Überschrift	
Entstehungszeit/Epoche	
Textsorte	z.Bsp. Sonett, Ballade etc.

	FRAGENKATALOG	Deine Stoffsammlung
Gattung	z.Bsp. Liebeslyrik, Natur-lyrik, politisches Gedicht etc.	
Inhalt		
	kurze Inhaltsangabe	
	Wahrnehmung: akus-tisch/visuell	
Thema		
	Bedeutung der Über-schrift?	
	Schlüsselworte	
	Zentrale Motive	
Äußere Form des Gedichts	**Strophen, Verse, Reime, Metrum, Klang**	
	Anzahl der Strophen und Verse?	
	Welche Reime (Paarreim etc.)?	
	Metrum (Jambus, Tro-chäus etc.)	
	Rhythmus, Klangform (dunkel/hell; Assonanzen, Pausen)	
Sprache		
	Stilmittel (u.a. Anapher, Parallelismus, Motive, These/Antithese, Perso-nifikation, etc.)	
	Wortarten (Nomen, Ad-jektive)	
	Satzbau (vollständige Sätze; Hypotaxe/Parata-xe)	
	Sprachliche Bilder (u.a. Metaphern, Vergleiche, Symbole)	

FRAGENKATALOG		Deine Stoffsammlung
Inhaltlicher Zusammenhang	Verbindung von Struktur (äußerer Form) und Inhalt	
	z.B. Inhalt nach Strophen geordnet?	
	unterstützt die Struktur/ Form den Inhalt?	
Lyrisches Ich	Selbstverständnis, Weltverständnis	
Bezüge und Hintergründe	historische, politische, soziale, weltanschauliche	

→ http://www.bange-verlag.de/uploads/Abi_Trainer_BW/BW2/fragenkatalog.pdf

Jetzt hast du dank der Stoffsammlung schon einige Aspekte gefunden. Nun würdest du in der Klassenarbeit/Abiturprüfung (Aufgabenstellung lautet: „Interpretieren Sie dieses Gedicht!") das vorgelegte Gedicht genauestens durcharbeiten, um „Interpretations-Munition" für eine erfolgreiche Lyrik-Arbeit zu finden. Gehen wir die einzelnen Teile durch: Klare Tipps, klare Struktur, klares Gedicht!

Schritt 1: Allgemeines

- Stelle dir nun folgende Fragen:
- **Wer** hat das Gedicht geschrieben?
- **Wie** heißt die Überschrift?
- **Was** kann ich wohl erwarten?

Schritt 2: Lass ein Bild in deinem Kopf entstehen

- Gedicht mehrfach durchlesen!
- **Wo** spielt das Gedicht?
- **Wer** tritt auf?
- Landschaft/Jahreszeit/Tageszeit/polit. Ereignis/Gegensätze/spez. Situation/Wie verhält sich das Ende zum Anfang (Entwicklung)?

Schritt 3: Nochmals in Ruhe durchlesen

- Passt alles zu meinem Gedicht?
- Passt etwas nicht? Grund?
- Bild in Ruhe überprüfen

Schritt 4: Äußere Form

- Wie viele Strophen?
- Gibt es ein Zentrum (Mittelstrophe)?
- Haben die Strophen alle die gleiche Zeilenzahl?
- Liegt eine metrische Struktur vor? Welche?
- Liegt ein Reimschema vor? Welches?
- Wiederholt sich ein Satz? Welcher? Wo steht dieser Satz?
- Gibt es Parallelen zwischen erster und letzter Strophe? (Oder Entwicklung, Kontrast?)
- Dominiert das Akustische oder Optische im Gedicht?

Alle Beobachtungen oder mögliche Theorien sofort notieren!

Schritt 5: Gedicht Zeile für Zeile in Ruhe durcharbeiten

Alle Auffälligkeiten sofort am Rand notieren, Assoziationen freien Lauf lassen!

Untersuchungsansätze, die dir dabei helfen können:
- Wie ist das Gedicht gegliedert? Aus wie viel Teilen besteht es? Kann man die Gliederung zu einem logischen System verbinden, z.B. nach Ort, Zeit, Personen? Besteht eine Parallelität zwischen Anfang und Ende? Wird am Anfang begonnen, was am Ende beendet wird?
- Passt die Überschrift zu dem Gedicht?
- Gibt es ein lyrisches Ich (1.Pers.Sg.)? Wo steht es? → Markieren! In welcher Grammatikstruktur kommt es vor? (Subjekt/Objekt/Possessivpronomen) Wo tritt es gehäuft auf, warum?
- Könnte das lyrische Ich mit dem Dichter identisch sein? Wie definiert sich das lyrische Ich in dem Gedicht?
- Liegt eine antithetische Struktur vor in der Wortwahl, in den gewählten Bildern? Welche Metaphern werden warum benutzt?
- Welche Konnotationen (Beiklang/Assoziationen zu den Wörtern) haben die einzelnen Wörter? Sind sie positiv oder negativ besetzt und wie werden sie hier gebraucht?
- Liegt ein Enjambement (= Zeilensprung) vor? Gibt es dabei eine Interpretationslogik?
- Grammatikauffälligkeiten: best./unbest. Artikel, Possessivpronomen, gehäufte Nomen (Repräsentanten von Ideen/Symbolen), auffällige Verben (positiv/negativ, intensiv/schwach, Assoziationen beim Leser), differenziertes Benutzen von Adjektiven und Adverbien (möglicherweise Tabelle sinnvoll, ändern sich Farben, haben Adjektive eine bestimmte Tönung: zum Beispiel blutrot, totenstill…), Inversion (Warum? Was wird dadurch betont?)

- **Klanggestaltung**: Assonanzen/Alliterationen, Reimwörter (→ interpretatorisch deutbar?)
- Kommt ein wichtiges Wort mehrfach vor (farbig markieren). Ist dieses ein **Schlüsselwort**?
- Gibt es in der **Zeit** Unterschiede? Wo liegt ein Zeitenwechsel, was könnte dafür der Grund sein? (Präsens/Perfekt/Präteritum)
- **Satzstruktur** (Hypotaxe/Parataxe)
- Welche **Stilfiguren** fallen sofort auf? Was ist ihre Funktion im Gedicht?
- Gibt es **Motive**, die zusammen ein Thema ergeben?
- Gibt es einen Gegenstand, an dem sich vieles festmachen lässt oder der ein **Symbol** darstellt (markieren!)?
- Welche Bedeutung hat die **Natur**? Ist sie in Harmonie mit den Personen oder im Kontrast? Treten bestimmte Tiere oder Pflanzen auf? Warum gerade diese, welche Bedeutung kann man ihnen geben?
- Welche Bedeutung hat die **Gesellschaft**? Wie steht das lyrische Ich zu ihr? Gibt es mehrere Gesellschaften/Gruppen? Wie sind sie definiert? Wie definieren sie sich durch die Wortwahl im Gedicht? Liegt eine Antithetik vor?

Schritt 6: Überblicksuntersuchung

Mit Lineal einzelne Teile des Gedichtes (egal, wo sie stehen) verbinden:
- Gleiche/gegensätzliche Orte
- Tageszeiten
- Antithetische/dialektische Struktur
- Personen/lyrisches Ich
- Gleiche Sätze/gleiche Aussagen?
- Schlüsselwörter/gleiche Wörter/Begriffe?

Schritt 7: Bild prüfen!

Nach den ausführlichen Interpretationsansätzen erneut Bild vom Gedicht überprüfen!
- Passen alle gewählten Metaphern, alle Nomen, Verben, Adjektive und Adverbien zu meinem Bild? Ist es absolut in sich stimmig?
- Gibt es noch immer Widersprüche?
- Wenn ja, diese jetzt unbedingt angehen, vielleicht liegt ein grundsätzlicher Denkfehler vor, der vor der schriftlichen Fassung noch behoben werden kann und muss!

Schritt 8: Inhaltsangabe/Kurzzusammenfassung vorbereiten

- 2–3 zentrale Wörter zum Inhalt neben jede Strophe schreiben, diese bilden dann das Inhaltsgerüst.
- Worum geht es in dem Gedicht? Was ist die zentrale Aussage/Thematik?

Schritt 9: Der schriftliche Teil einer Gedichtinterpretation

Nun musst du nur noch wissen, wie der schriftliche Aufbau einer Gedichtinterpretation aussieht (zunächst einmal ohne Gedichtvergleich):

Ich tue jetzt mal so, als wärst du mein Schüler und würdest bei mir eine Klassenarbeit/ Lyrik schreiben. Du weißt, es kommt nur ein Gedicht dran, und die Aufsatzzeit beträgt vier Schulstunden plus Pausen (ca. 200 Minuten). Vermutlich ist das auch die Realität bei einer Lyrik-Arbeit in deiner Klasse. Hier kommt die Übersicht mit Zeitplan und **Seitenvorschläge**, wie ich sie meinen Schülern vor der Klassenarbeit gebe:

Lyrik: Gedichtinterpretation	Minuten	Seiten
Vorbereitung der Gedichtinterpretation (Schritte 1–8, S. 62 ff.)	60	
1. Einleitung (danach: 2 Zeilen frei)	5–10	$\frac{1}{4}$–$\frac{1}{2}$
2. Inhaltsangabe (danach: 2 Zeilen frei)	15	$\frac{1}{2}$–1
3. Interpretation	90	5–8
• **formaler Aufbau/äußere Form** (1 Zeile frei)		
• **Detail-Interpretation/Zeile für Zeile** (1 Zeile frei)		
• **Interpretation/Gesamtüberblick** (1 Zeile frei)		
• Biografie/Bezug zum Gedicht (1 Zeile frei)		
• Epoche/Bezug zum Gedicht (2 Zeilen frei)		
4. Schluss	10	$\frac{1}{2}$–1
5. Durchlesen auf Fehler	10	
Gesamtzeit[10]	ca. 200	

Ich habe für dich die Teile der Interpretation fett markiert, die auf jeden Fall in der Interpretation drin sein müssen, die anderen zwei (Biografie/Epoche) setzen Kenntnisse voraus, die man oft nicht hat.

Einleitung:
Autor, Titel, Textsorte, Kurzzusammenfassung
(2 Zeilen frei)

Inhaltsangabe:
Stell dir vor, du musst den Inhalt jeder Strophe wiedergeben. Gehe also die einzelnen Strophen kurz durch und schreibe zu jeder Strophe 1–2 Sätze. Gewisse interpretatorische Ansätze lassen sich vermutlich nicht vermeiden, aber hier so wenig wie nur möglich (!) von der Interpretation vorweg nehmen! (2 Zeilen frei lassen)

---

10 Die Minutenzahl ist von dir wie immer flexibel zu handhaben, sodass du eigene Zeitschwerpunkte setzen kannst. Die Höchst-minutenzahl zusammen geht natürlich über die Prüfungszeit hinaus, das ist ja klar! Wenn du beim einen Teil mehr Zeit brauchst, muss der andere zackiger gehen!

Formulierungshilfen: *Die zentrale Aussage ... umkreist (der Autor) schon in der ersten Strophe. Hier stellt er ... ins Zentrum. Von diesem Aspekt führt er in der zweiten Strophe weg und beschreibt stattdessen.... Am Ende nimmt ... nochmals seine Idee vom Anfang auf und rundet damit sein Gedicht ab.*

Interpretation:

Du hast durch die Vorarbeiten (arbeite mit Farben/Textmarker!) ein ziemlich klares Textverständnis bekommen. Nun musst du die Aufgabenstellung präzise am konkreten Text erfüllen. Geh in Blick auf die Interpretation am Gedicht entlang. Integriere verschiedene Zitate aus dem Gedicht (Zeilenangaben nicht vergessen!). Mach dir kein Konzept, sondern lege jetzt los! Grundsätzlich muss alles am Text belegt werden, auf Spekulationen außerhalb des Textes ist zu verzichten!

– **Formaler Aufbau des Gedichtes**
Einleitungssatz zum formalen Aufbau des Gedichtes
Beispiel: *Das Gedicht ist in seiner Form...*
Formalen/äußeren Aufbau (u.a. Metrum, Reimschema etc.) benennen
(1 Zeile frei)

– **Einleitungssatz zur (Detail-)Interpretation**
Beispiel: *Schon zu Beginn des Gedichtes wird der Leser mit der Aussage konfrontiert/... in eine spannungsgeladene Situation versetzt ...*
Zeile für Zeile interpretieren, nur begrenzt springen und wenn nötig, dies nur in einem kurzen Hinweis auf eine interpretatorische Verbindung zu einer anderen Stelle tun.
(Nach jeder Strophe eine neue Zeile beginnen)
(1 Zeile frei)

– **Einleitungssatz zum Gesamtüberblick**
Beispiel: *Betrachtet man jedoch das Gedicht in seiner Gesamtheit, so fällt auf, dass ...*
Jetzt die einzelnen Teile in ihrer Gesamtheit darstellen:
· Anfang/Ende (parallel/Entwicklung/Antithetik)
· Satzwiederholungen in ihrer Gesamtaussage
· Häufung von Nomen, 1.Pers.Sg. ... im Gesamtkontext interpretieren
· Hier kommt der Teil, der in der Vorarbeit mit dem Lineal verbunden wurde.
· Hier Tendenz zu abrundenden Aussagen zum konkreten Gedicht.
(1 Zeile frei)

– **Einleitungssatz zur Biografie**
Beispiel: *Gestützt wird die oben getroffene Vermutung, das lyrische Ich sei mit dem Dichter gleichzusetzen, durch die Biografie von ...*
Kurz das Gelernte nicht gar zu plump abspulen, immer wieder einen Bezug zum Gedicht herstellen.
(1 Zeile frei)

– **Einleitungssatz zur Epoche**
  Beispiel: *Dieses Gedicht ist typisch für die Epoche ..., viele traf das gleiche Schicksal. Die Zeit war gekennzeichnet durch...*
  Kurz in wenigen Sätzen das Wesentliche benennen.
  (2 Zeilen frei)

Schluss
Klare Abrundung in 2–3 Sätzen. Bezug zur Gegenwartsbedeutung des Gedichtes herstellen, aber dies nicht zu fantasielos (Beispiel: *Noch immer gibt es ..., von daher passt dieses Gedicht gut in unsere Zeit)*, sondern gedanklich und sprachlich differenziert! Nicht einfach, aber du packst das!

Durchlesen
Konzentrier dich noch einmal! Die gesamte Arbeit jetzt zwei- bis dreimal durchlesen, besonders auf die eigenen Fehlerquellen (Kommasetzung, Rechtschreibung, Präsens bei der Inhaltsangabe usw.) achten!

> **Abgabe (Reihenfolge)**
> – Deckblatt
> – Seitenzahl (rechts oben): 1/9, 2/9 ...
> – Namen (Mitte oben)
> – Aufgabenblatt mit Namen versehen und als unterstes Blatt mit abgeben

Fertig! Geschafft! Glückwunsch! Augenblick genießen!

2.6 Gedichtvergleich

Nun kommen wir zu Aufbau, Zeit- und Seitenvorschlag für einen Gedichtvergleich im Abitur (Arbeitszeit ca. 330 Minuten):

Aufsatz-Teil	Minuten	Seiten
Vorarbeiten	80–100	
1. Gemeinsame Einleitung (2 Zeilen frei)	15	¼–½
2. Erste Gedichtinterpretation 2.1 Einleitung (1 Zeile frei) 2.2 Inhaltsangabe (1 Zeile frei) 2.3 Interpretation (2 Zeilen frei)	70	4–5
3. Zweite Gedichtinterpretation 3.1 Einleitung (1 Zeile frei) 3.2 Inhaltsangabe (1 Zeile frei) 3.3 Interpretation (2 Zeilen frei)	70	4–5

Aufsatz-Teil	Minuten	Seiten
4. Vergleich beider Gedichte 4.1 Einleitung (1 Zeile frei) 4.2 Konkreter Vergleich/ausgesuchten Aspekte (1 Zeile frei) (4.3 Einordnung in die Epochen) (2 Zeilen frei)	40	3–4
5. Gemeinsamer Schluss beider Gedichte	15	½–1

5. Durchlesen
   (unbedingt einplanen, also entsprechend früher mit
   der KA fertig sein!!)
	15–20	

Gesamtzeit[10]	~ 330	

TIPP Mache dir einen exakten Zeitplan mit der **genauen Uhrzeit** in Blick auf Klassenarbeit oder Abitur. Das Deutsch-Abitur in Baden-Württemberg beginnt um 8.00 Uhr und endet um 13.30 Uhr. Erfahrungsgemäß ist die Nervosität so groß, dass du bei einer Minutenzählung den Überblick verlierst!

2.7 Naturlyrik

Und warum kommt Naturlyrik hier? Blöde Frage. Antwort: Abiturthema seit 2016 in Baden-Württemberg. Das ist auch vermutlich der einzige Grund, weshalb du dich mit ihr beschäftigst.

Jetzt versuche ich dir keine schlaue Definition von Naturlyrik zu geben, die klingt zwar gut, bringt dir aber nicht viel. Also, jetzt definieren wir das mal unter uns, so simpel wie möglich: Denk dir die Natur als Spiegel! Ein Spiegel deines Glückes, aber auch ein Spiegel deines Schmerzes! Die Natur steht in Gleichklang oder Dissonanz zu dir, durch die Natur wird viel von den eigenen Gefühlen beschrieben, den Gefühlen des Dichters. Aber auch der Naturlyrik-Dichter ist ein Mensch wie du und ich! Lass' die Naturstimmung auf dich wirken, verbinde Natur und Gefühle, viel mehr kann ich dir nicht bieten ohne „rumzuschwallen". Sei offen für die Naturstimmung, sei offen für die Gefühle des Schreibenden – gespiegelt in der Natur und mach dich in den verschiedenen Epochen bei den verschiedenen Dichtern auf den Weg dieses Verhältnis von Natur und ihnen, ihrem Denken, Fühlen, Sehnen, zu erfassen – oft nur intuitiv. Formuliere es angemessen (exakte Arbeit am Text), das ist dann dein Job!

---

11 Die Minutenzahl ist von dir wie immer flexibel zu handhaben, sodass du eigene Zeitschwerpunkte setzen kannst. Die Höchstminutenzahl zusammen geht natürlich über die Prüfungszeit hinaus, das ist ja klar! Wenn du beim einen Teil mehr Zeit brauchst, muss der andere zackiger gehen!

Hier für dich zwei Gedichte, da hupst dir der Unterschied voll entgegen, so klar ist er! Wir[12] haben für dich im Bereich Naturlyrik zwei Gedichtinterpretationen und einen Vergleich vorbereitet. Gedichtinterpretationen und Vergleich wurden jeweils von einer Schülerin als Hausaufgabe (alle Hilfsmittel waren erlaubt!) für dieses Buch erstellt und dann von mir überarbeitet, in der Hauptsache sprachlich, inhaltlich hielt ich mich an die Schüler-Arbeiten. Ich denke, dieses Gemeinsame von Schülerinnen und Lehrer machen die Interpretationen für dich sinnvoll: Perfektionierter Schülerlevel, der bei dir ansetzt, aber gleichzeitig zeigt, was interpretatorisch möglich ist! Nur zu deiner Beruhigung: Diese drei Interpretationen sind in einer Klassenarbeit – auch in einer sechsstündigen – nicht machbar! Es sind

– Hausaufgaben, bei denen man im Internet oder in Büchern spicken kann und
– drei Schülerinnen plus ein Lehrer haben an dieser Lösung richtig „geschuftet"! (Hier mein ganz persönlicher Dank an Janina, Linda und Betty für ihren Einsatz!)

Noch ein paar kurze Informationen:
→ Beim „Maifest" wurden Epoche und Dichter weggelassen.
→ Beim Gedichtvergleich liegt hier das Zentrum auf dem Vergleich selbst.

So und jetzt solltest DU loslegen...!
... nicht mit dem Lesen der Interpretationen, sondern mit den beiden Gedichten aus dem Abi-Bereich „Naturlyrik". Schau mal selbst, was du hinbekommst. Die Texte sind für dich nun gleich abgedruckt. Also, selbst ist der Mann/die Frau! Erst nach getaner Arbeit unseren Lösungsvorschlag lesen. Und wenn du noch viel mehr gefunden hast: Glückwunsch! Gedichtinterpretationen sind ein „weites Feld", sie sind eine persönliche Entdeckungsreise im Land der Wörter, wobei du, deine Stimmung, aber auch deine Übung, deine Sprachfreude im Zentrum stehen. Es ist deine Interpretation, die so nur du und kein anderer hätte schreiben können! Aber alles muss am Text Sinn ergeben, sonst ist es ganz einfach falsch! Auf, Gedichte anpacken, sie warten auf dich!

---

12 Hinter „Wir" verbergen sich Janina, Linda, Betty (alle aus der 12.1, Jahrgang 2014/15 des Wirtschaftsgymnasiums Tauberbischofsheim) und ich, Klaus Schenck.

ÜBUNG

Aufgabenstellung: „Interpretiere und vergleiche die beiden Gedichte."

Johann Wolfgang von Goethe
Maifest (1771)

Wie herrlich leuchtet
Mir die Natur!
Wie glänzt die Sonne!
Wie lacht die Flur!

5 Es dringen Blüten
Aus jedem Zweig
Und tausend Stimmen
Aus dem Gesträuch

Und Freud' und Wonne
10 Aus jeder Brust.
O Erd', o Sonne!
O Glück, o Lust!

O Lieb', o Liebe,
So golden schön,
15 Wie Morgenwolken
Auf jenen Höhn!

Du segnest herrlich
Das frische Feld,
Im Blütendampfe
20 Die volle Welt.

O Mädchen, Mädchen,
Wie lieb' ich dich!
Wie blickt dein Auge,
Wie liebst du mich!

25 So liebt die Lerche
Gesang und Luft,
Und Morgenblumen
Den Himmelsduft,

Wie ich dich liebe
30 Mit warmem Blut,
Die du mir Jugend
Und Freud' und Mut

Zu neuen Liedern
Und Tänzen gibst.
35 Sei ewig glücklich,
Wie du mich liebst!

Georg Trakl
Im Winter (1910)

Der Acker leuchtet weiß und kalt.
Der Himmel ist einsam und ungeheuer.
Dohlen kreisen über dem Weiher
Und Jäger steigen nieder vom Wald.

5 Ein Schweigen in schwarzen Wipfeln wohnt.
Ein Feuerschein huscht aus den Hütten.
Bisweilen schellt sehr fern ein Schlitten
Und langsam steigt der graue Mond.

Ein Wild verblutet sanft am Rain
10 Und Raben plätschern in blutigen Gossen.
Das Rohr bebt gelb und aufgeschossen.
Frost, Rauch, ein Schritt im leeren Hain.

BEISPIEL Beispiel einer Lehrer-Schüler-Lösung:
1. „Maifest" von Johann Wolfgang von Goethe
1.1 Einleitung:
Das Gedicht „Maifest", das in späteren Drucken auch „Mailied" genannt wird, wurde von Johann Wolfgang von Goethe verfasst. Gegen 1771, also während seiner Zeit in Sesenheim, schrieb der junge Student dieses Werk, das heute als sein erstes bedeutsames Gedicht gilt. Thematisiert werden die Gefühle des lyrischen Ichs zu einem Mädchen, durch das Natur und Liebe für ihn zu einer Einheit werden. (2 Zeilen frei)

1.2 Inhaltsangabe:
Zu Beginn bejubelt das lyrische Ich die frühlingshafte Natur. Es erfreut sich an der strahlenden Sonne, den sprießenden Blüten und den zwitschernden Vögeln. Alles wird als sehr positiv wahrgenommen. Dieser Enthusiasmus steigert sich darin, dass dem Ich beinahe die Worte fehlen, um diese Schönheit und das Positive, das es erlebt, sprachlich zum Ausdruck zu bringen. Die Naturschilderung geht in den folgenden Strophen über in den Vergleich zwischen Liebe und Natur. Es wird deutlich, dass das lyrische Ich die Liebe mit den Augen der Natur betrachtet, denn sie wird beispielsweise mit „Morgenwolken" (Z. 15) verglichen. Diese Liebe wird in Strophe sechs und sieben präzisiert, indem jetzt zum ersten Mal das „Mädchen" (Z. 21) erwähnt wird, das der Grund für die Euphorie des Erzählers ist. Dank der jungen Frau erfährt das lyrische Ich die Liebe, durch die es die Natur so positiv und bejubelnd wahrnimmt. Mehrmals wird die gegenseitige Liebe betont, welche wieder in Bezug zur Natur gesetzt wird. Liebe und Natur bilden also eine Einheit. In den letzten beiden Strophen wird die Beziehung der beiden Verliebten geschildert, wobei die Natur nun keine Rolle mehr spielt, dafür aber die Liebe als Kraftquelle des lyrischen Ichs zu „neuen Liedern" (Z. 33). Das „Maifest" (Überschrift) endet mit dem Wunsch des Geliebten an die junge Frau, dass sie in der Liebe zu ihm immer glücklich sein solle. (2 Zeilen frei)

1.3 Interpretation
– Formaler Aufbau
Das Gedicht hat keinen eindeutigen Reim, lediglich lässt sich eine Tendenz zum Kreuzreim feststellen, da sich in beinahe allen Strophen jeweils die zweite und die vierte Zeile reimen. Einzig die zweite Strophe passt nicht in dieses Schema. Auch liegt kein Metrum vor, das sich klar bestimmen ließe. Goethe könnte damit aufzeigen wollen, dass sich die Gefühle des Ichs nicht in ein Metrum oder einen Reim zwängen lassen. Zudem passt das Fehlen eines Metrums zu den ständig wechselnden Blickrichtungen des Ichs und sorgt dafür, dass keine Gleichgültigkeit oder Langeweile aufkommt, die die Euphorie des lyrischen Ichs zerstören könnte. Diese Leichtigkeit und Fröhlichkeit wird durch die einfach gebauten Sätze und die äußere Form noch zusätzlich unterstützt, denn das Werk ist in neun Strophen mit jeweils vier Zeilen unterteilt und erweckt somit den Eindruck, als handle es sich um einen Liedtext. (1 Zeile frei)

– **Detail-Interpretation**

„Maifest" thematisiert, wie der Titel bereits verrät, den Mai, allgemeiner: den Frühling, die Jahreszeit der überschäumenden Gefühle. Die Natur wird nach dem Winter endlich wieder bunt, die Vögel kehren zurück. Die erwachende und sprießende Natur ist hier gleichzusetzen mit den aufkeimenden Gefühlen des lyrischen Ichs. Da der Erzähler sich zu einer Frau hingezogen fühlt, ist davon auszugehen, dass es sich um einen Mann handelt, der von seinem „Mädchen" (Z. 21) und der Natur schwärmt. Wie wunderbar diese Liebe ist, versucht Goethe durch ständige Vergleiche mit der „herrlich[en]" (Z. 1) Landschaft zum Ausdruck zu bringen. Dieser Parallelismus wird unterstützt durch die Verwendung vermenschlichender Verben, die der Natur zugeschrieben werden, oder durch das gleichwertige Gegenüberstellen von Begriffen aus der Liebe und solchen aus der Natur. Ein Beispiel hierfür findet sich in Zeile vier: „[w]ie lacht die Flur". Hier wird die Natur personifiziert und somit eine Verbindung zum Menschen und damit auch zur Liebe geschaffen. Seine Umgebung „leuchtet" (Z. 1) und „glänzt" (Z. 3) in den Gedanken des lyrischen Ichs und bekommt durch diese Wahl der Verben etwas Wertvolles, fast Göttliches. Dieser Enthusiasmus spiegelt sich auch in der Anapher „Wie" wider, die sich in Zeile eins, drei und vier findet. Dieses Wörtchen gleicht einem roten Faden, der sich durch das gesamte Gedicht zieht und aufzeigt, dass das lyrische Ich seine Eindrücke und Gefühle nicht in Worte fassen kann, da sie schlicht zu überwältigend sind. Er kann also nur andeuten, wie „herrlich" (Z. 1) „die Natur" (Z. 2) ist. Das Verb „dringen" (Z. 5) erweckt den Anschein, dass die Natur regelrecht explodiert und unkontrollierbar wird. Zusätzliche Bedeutung erlangt das Verb durch die Verwendung als Zeugma[13]. „Es dringen Blüten/Aus jedem Zweig" (Z. 5 f.), sie können nicht länger warten und müssen ausbrechen – ähnlich wie die Gefühle des lyrischen Ichs. Dass „tausend Stimmen/Aus dem Gesträuch" (Z. 7 f.) „dringen" (Z. 5), lässt den Leser sich die Vögel jubilierend und frohlockend in ihrem Gezwitscher vorstellen: Der Frühling ist da! Dieser Jubel hallt im lyrischen Ich „tausend[mal]" (Z. 7) wider. Durch die Hyperbel „tausend Stimmen" (Z. 7) wird außerdem deutlich, wie das lyrische Ich, von der Liebe betört, die Dinge übertreibt. Das Ganze wird gesteigert, indem nun von den Menschen die Rede ist, aus deren „Brust" (Z. 10) „Freud und Wonne" (Z. 9) „dringen" (Z. 5). Zusätzlich liegt hier eine Klimax vor durch die Steigerung von „Blüten" (Z. 5), „Stimmen" (Z. 7) und „Freud und Wonne" (Z. 9), zusammengehalten durch das Verb „dringen" (Z. 5). Durch den Parallelismus in Zeile sechs und zehn: „Aus jeder Brust" und „jedem Zweig", wird abermals eine Verbindung zwischen Mensch und Natur hergestellt, welche auch in den folgenden Zeilen erkennbar ist. Denn mithilfe der Anapher „O Erd', o Sonne,/O Glück, o Lust,/O Lieb', o Liebe" (Z. 11–13), wird der Mensch eingebettet in die Natur. „Erd[e]"(Z. 1) und „Sonne" (Z. 11) umspannen das Größtmögliche und sind mit Augen und Händen wahrnehmbar, während „Glück" (Z. 12) und „Lust" (Z. 12) sich nur erfahren lassen. Aus der Naturschilderung wird also der Jubel des Menschen, der Jubel, der in der Liebe gipfelt („o Liebe" [Z. 13]). Mit Hilfe dieser Anapher wird zusätzlich auch ein Übergang von der Natur zur Liebe, die in den folgenden Strophen thematisiert wird, geschaffen. Durch die Doppelung „O Lieb', o Liebe" (Z. 13) wird diese intensiviert. Als „golden schön/Wie Morgenwolken/Auf jenen Höhn" (Z. 14–16) wird sie beschrieben. Die „Morgenwolken" (Z. 15) signalisieren den Beginn des neuen Tages, den Neuanfang,

---

13 Stilmittel Zeugma: Syntaktisch oder semantisch ungleichartige Beziehung eines Satzgliedes, meist des Prädikats, auf zwei oder mehrere andere Satzglieder.

der auch den Frühling charakterisiert, während mit „jenen Höhn" (Z. 16) der Himmel im religiösen Sinne gemeint ist. Diese Zeilen dienen zusätzlich als Vorbereitung auf die fünfte Strophe, wo der Liebe etwas Göttliches zugesprochen wird. Mit dem Personalpronomen „Du" (Z. 17) wird die Liebe hier direkt benannt, die „herrlich das frische Feld segnet" (vgl. Z. 17 f.). Das „frische Feld" (Z. 18) steht für den Morgen, den Neuanfang, es ist bereit, das Neue aufzunehmen und stellt somit eine Verbindung zu Zeile 15 („Morgenwolken") her, in der ebenfalls der Neubeginn thematisiert wird. Durch das Verb „segne[n]" (Z. 17) gleicht die Liebe einer Gottheit. Es wird deutlich, welche Macht das lyrische Ich ihr zuschreibt. Der Erzähler ist so ergriffen, dass die Sprache ihm zu beschränkt erscheint, um die Schönheit der Liebe in Worte zu kleiden, deshalb benutzt er das rhetorische Mittel des Neologismus in Zeile 19: „Blütendampfe". Gleichzeitig stellt dieses Wort eine Metapher zu den Gerüchen des Frühlings dar, die zu einem Dampf intensiviert, verdichtet werden und das lyrische Ich betören. „Die volle Welt" (Z. 20) nimmt die Kraft der Liebe in die Natur hinein und vervollkommnet sie dadurch.

Erst in Strophe sechs wird diese Liebe präzisiert, indem das „Mädchen" (Z. 21) eingeführt wird, welchem die Gefühle des lyrischen Ichs gelten. Durch die Interjektion „O" (Z. 21) und die Doppelung von „Mädchen" (Z. 21) scheint es, als würde das lyrische Ich seine Geliebte anbeten. Diese Gefühle sind auf beiden Seiten vorhanden, werden also erwidert, was der Parallelismus in Zeile 22 „Wie lieb' ich dich!" und Zeile 24 „Wie liebst du mich!" beweist. „ich dich" (Z. 22), „du mich" (Z. 24) zeigen anhand der Satzstruktur, wie nahe sich die beiden Verliebten stehen. Unterstützt wird diese Gegenseitigkeit der Gefühle zusätzlich durch Ausrufezeichen am Ende der Strophen. Das lyrische Ich kann diese Gefühle aber nur andeuten und nicht in Worte fassen, da sie schlicht zu gewaltig sind, was die Anapher „Wie" zu Beginn der Zeilen 22, 23 und 24 veranschaulicht. Verglichen wird die Liebe der beiden zuerst mit einer „Lerche" (Z. 25), die „Gesang und Luft" (Z. 26) „liebt" (Z. 25). Diese beiden Dinge beglücken den Vogel und stellen dessen Lebensinhalt dar. Somit besteht der Sinn des Lebens für das lyrische Ich und das „Mädchen" (Z. 21) in der Liebe zum jeweils anderen. Anschließend wird diese Liebe mit „Morgenblumen" (Z. 27) gleichgesetzt, die den „Himmelsduft" (Z. 28) lieben. Das Zeugma durch das gemeinschaftliche Verb „lieben" (Z. 25) beschleunigt den zweiten Teil der Satzstruktur („Und Morgenblumen/ Den Himmelsduft" [Z. 27 f.]) und verdeutlicht so das Drängende der Liebes-Euphorie. Die „Morgenblumen" verbinden die „Morgenwolken" in Zeile 15, alles atmet Neubeginn. Eine weitere Verknüpfung besteht zwischen dem „Himmelsduft" (Z. 28) und „jenen Höhn" aus Zeile 16, da beide Begriffe religiöse Aspekte aufgreifen. So verweben die vielen gegenseitigen Bezüge sich zu einem Liebes-Kunstwerk aus Worten.

Das lyrische Ich beteuert abermals seine Liebe zu dem „Mädchen" (Z. 21), welches er „Mit warmem Blut" (Z. 30) liebt, was für die Lust am Leben steht, die in ihm aufblüht, ebenso wie die Natur im Frühling. Das Mädchen schenkt ihm im Gegenzug das, was die Liebe ausmacht, nämlich „Jugend, Freud[e] und Mut" (vgl. Z. 31 f.). Dieser Mut bezieht sich auf das Schreiben von „neuen Liedern und Tänzen" (Z. 33 f.), ein Hinweis auf das schöpferische Tun des lyrischen Ichs. Die „Lieder[ ]" (Z. 33) bilden zudem einen Bezug zum Titel, der in späteren Fassungen zu „Mailied" abgeändert wurde. „Lieder und Tänze" sind außerdem Teil des Gemeinsamen und drücken ebenfalls die Lust am Leben aus. Die Beziehung der beiden wird durch die Satzstruktur in Strophe acht abermals als sehr eng charakterisiert, denn wieder stehen sich das Ich und das Du sehr nahe: „ich dich" (Z. 29),

„du mir" (Z. 31). Auch die Natur spielt in den letzten beiden Strophen keine Rolle mehr, sodass der Fokus hier alleine auf den Liebenden liegt. Das Gedicht endet mit dem Wunsch des lyrischen Ichs an das Mädchen, dass es in dieser Liebe zu ihm ewig glücklich sein solle (vgl. Z. 35 f.). Ihr Glück ist somit an die Bedingung gebunden, dass sie ihn lieben muss. Dies erweckt den Anschein, als ob schlagartig das Mädchen seiner zentralen Rolle beraubt werde. Wichtig ist letztendlich nur die Liebe, die sie ihm schenkt, und ihre Funktion als Inspirationsquelle für „Lieder[]" (Z. 33) und „Tänze[]" (Z. 34). (1 Zeile frei)

1.4 Biografie/Epoche
Dichter und Epoche haben wir hier bewusst weggelassen. (2 Zeilen frei)

1.5 Schluss
Goethe ist es wunderbar gelungen, die Liebe durch die Natur in Worte zu fassen. Diese Wirkung erreicht er vor allem durch die vielen rhetorischen Mittel, die den Inhalt des Gedichtes perfekt ergänzen. Die Biografie des Dichters wirft aber einen dunklen Schatten auf das „Maifest", denn Goethe hat diese, im Gedicht geschilderte Liebe mit der Pfarrerstochter Friederike Brion selbst erlebt. Allerdings maß er ihr nicht annähernd die Bedeutung zu, wie es das Gedicht zunächst vermuten lässt. Erste Andeutungen finden sich am Ende des Liedes, Friederike wird „funktionalisiert" als Impulsgeberin für „neue[] Lieder[]" (Z. 33) und „Tänze[]" (Z. 34). Die in poetische Bilder gefasste „Liebes-Euphorie" erscheint mit diesem biografischen Hintergrund in einem anderen Licht. Die Entstehungsgeschichte während der gemeinsamen Monate in Sesenheim und das abrupte Ende vor Augen, verliert das Gedicht an Glaubwürdigkeit und Schönheit. Auch der sprachlich bezauberndste Liebesbeweis verkehrt sich ohne echte Liebe in sein Gegenteil. Eine kurze Zeitspanne später wird genau daran die nur mit einem Brief „entsorgte" Friederike zerbrechen.

2. „Im Winter" von Georg Trakl

2.1 Einleitung
In seinem Gedicht „Im Winter", das 1910, der Zeit des frühen Expressionismus, entstand, beschreibt Georg Trakl die düstere, verlassene Landschaft im Winter und die Wirkung von dieser, die sich in Einsamkeit und dem steten Bewusstsein der Vergänglichkeit ausdrückt. (2 Zeilen frei)

2.2 Inhaltsangabe
Im Zentrum des Gedichts steht die Winter-Düsternis und -Einsamkeit. Dies wird schon in der ersten Strophe deutlich, in der die kahle Landschaft geschildert wird: Ein verlassener Acker und Dohlen, die über einem Weiher kreisen. In der zweiten Strophe ändert sich der Standort: Die Beschreibung bezieht sich nun auf ein Dorf, das ein nicht weniger verlassenes Bild darstellt als die Natur. Der andauernde Zustand des Unbelebten wird kurz durch die Wahrnehmung eines Schlittens und eines Feuerscheins unterbrochen. Abgerundet wird die Strophe durch das langsame Aufgehen des Mondes. In der folgenden Strophe wird zum ersten Mal der Tod direkt angesprochen, in Form eines sterbenden Tieres, und indirekt durch das Erscheinen von symbolhaften Raben als Todesboten. Das Gedicht endet

abrundend mit der Nennung der Begriffe „Frost" und „Rauch", übertragen: Kälte und Vergänglichkeit. (2 Zeilen frei)

2.3 Interpretation
– Formaler Aufbau

Die äußere Form des Gedichts setzt sich aus drei Strophen zusammen, die jeweils vier Zeilen umfassen. Jede dieser Strophen ist in dem Reimschema des umarmenden Reims aufgebaut. Es gibt kein festgelegtes Metrum, das sich durch das ganze Gedicht zieht. Oft erkennt man einen vierhebigen Jambus (vgl. Z. 1, Z. 6 oder Z. 9), ab und an ist ein Jambus allerdings durch einen Dreisilber ersetzt (Z. 2 oder Z. 10). Der Rhythmus wechselt ebenfalls manchmal von jambisch auf trochäisch (Übergang Z. 2/3 und Z. 11/12). Auffällig sind außerdem die betont kurzen Hauptsätze, die in ihrer Parataxe abgehackt wirken und die düstere Stimmung des Gedichts unterstreichen. Das Gedicht ist im Präsens verfasst. Dies intensiviert den Gesamteindruck des andauernden, unbestimmten Zustands von Unbelebtem und Verlassenem. (2 Zeilen frei)

– Detail-Interpretation

In der ersten Strophe des Gedichts wird die Landschaft an einem Wintertag beschrieben. Die Stimmung ist, wie im ganzen Gedicht, niedergeschlagen und bedrückend. Durch die kurzen, emotionslosen, wie Feststellung wirkenden Sätze, die asyndetisch aneinander gereiht sind, wird das Bild einer düsteren Winterlandschaft, das beim Leser entsteht, intensiviert: „Der Acker leuchtet weiß und kalt. Der Himmel ist einsam und ungeheuer." (Z. 1–2). Die erste Zeile wirkt antithetisch: Der personifizierte Acker „leuchtet" (Z. 1), womit der Leser zunächst etwas Positives assoziiert, jedoch leuchtet er „weiß und kalt" (Z. 1), was dem entstehenden Bild einen bedrückenden Ausdruck verleiht und beim Leser eine pessimistische Grundstimmung weckt. Diese wird durch die Beschreibung des Himmels, den das beobachtende lyrische Ich betrachtet, noch unterstrichen. Der Himmel wird personifiziert und „ist einsam und ungeheuer" (Z. 2). Durch die angesprochene Einsamkeit entsteht beim Leser das trostlose Bild eines leeren, weißen Himmels, jedoch kann dieses Bild auch sinnbildlich für die Einsamkeit der Menschen oder speziell die des lyrischen Ichs stehen. Durch das Prädikatsnomen „ungeheuer" (Z. 2) wird die pessimistische, kalte Stimmung des Gedichts noch unterstrichen. Die Landschaft wirkt nun nicht mehr nur kahl und verlassen, sondern stellt etwas Bedrohliches dar. Auch dies kann auf die Einsamkeit der Menschen bezogen sein, die für diese selbst angsteinflößend ist. Durch die Dohlen, die „über dem Weiher [kreisen]" (Z.3), kommt etwas Lebendiges, Bewegtes in das Gedicht. Doch gerade durch das Auftauchen der Vögel, die langsam und ruhig über ein Gewässer ziehen und trotzdem die einzige Art des Lebendigen darstellen, wird betont, wie erstarrt und kalt die Landschaft um sie herum ist. Die Dohlen stellen mit ihrem schwarzen Gefieder einen Kontrast zur „weiß[en]" (Z. 1) Umgebung dar. Durch die Beschränkung der Farben auf das Weiß des Schnees und das Schwarz der Dohlen wird die kalte und vor allem trostlose Stimmung noch unterstrichen. Der Tod, der hier verdeckt durch das Erwähnen der Dohlen, also Rabentiere, die symbolhaft für den Tod stehen, angesprochen wird, wird in der nächsten Zeile durch das Auftauchen von „Jäger[n]" (Z. 4) erneut aufgegriffen. Diese „steigen nieder vom Wald" (Z. 4) und bringen somit etwas Leben in die verwaiste Landschaft, jedoch intensiviert dies auch nur das Bild von Leere und Verlassenheit. All diese

Dinge passieren gleichzeitig, die parataktischen Sätze wirken wie emotionslose Feststellungen, die das beobachtende lyrische Ich unbewertet lässt. Diese Distanz des Beobachters unterstreicht die ohnehin kalt und trostlos wirkende Erscheinung des Winters.

Die zweite Strophe beginnt mit einer weiteren Naturbeschreibung, was zu einer gedanklichen Verbindung mit der ersten Strophe führt: *„Ein Schweigen in schwarzen Wipfeln wohnt"* (Z. 5). Diese Zeile wirkt auf den Leser fast ängstigend: Sowohl das *„Schweigen"* (Z. 5) als auch die ‚Schwärze' (vgl. Z. 5), die durch den Gleichklang der Alliteration besonders hervorgehoben werden, unterstreichen das düstere, unheimliche Gesamtbild. Dieses Bedrohliche steht im Kontrast zu dem personifizierenden Verb *„wohnt"* (Z. 5), mit dem der Leser Geborgenheit und Wärme assoziiert. Es drückt aber auch aus, wie beständig und anhaltend dieser Eindruck für das lyrische Ich ist: Die Bedrohung wird nicht als kurzzeitige Empfindung beschrieben, sondern ist fest verankert mit den Bäumen, sie *„wohnt"* (Z. 5) in deren Wipfeln. Die nächste Zeile steht in starkem Gegensatz zu der negativen Grundstimmung des Gedichts. *„Ein Feuerschein huscht aus den Hütten"* (Z. 6) und verbreitet damit Licht und Wärme. Diese kurze Andeutung von etwas Tröstlichem und Optimistischem wird allerdings durch das Verb *„huscht"* (Z. 6), das den Feuerschein personifiziert, wieder abgeschwächt. Es betont die schnelle Vergänglichkeit alles Positiven und dient somit eher der niedergeschlagenen Grundstimmung, die das ganze Gedicht durchzieht. Die Stille des Dorfs wird *„[b]isweilen"* (Z. 7) von einem *„Schlitten"* (Z. 7) unterbrochen, was neben den *„Jäger[n]"* (Z. 4) ein weiteres Indiz für menschliche Existenz in der ruhigen Naturbeschreibung ist. Durch das unpassend wirkende Verb *„schellt"* (Z. 7) entsteht beim Lesen an dieser Stelle jedoch nicht die Vorstellung von Spaß oder Freude, die man eigentlich mit einer Schlittenfahrt verbindet: Es erzeugt viel mehr die Wirkung, als störe der Schlitten das trostlose *„Schweigen"* (Z. 5), in das sich die Menschen gehüllt haben. Diese allumfassende Ruhe und Stille, die nur kurz unterbrochen wurde, wird in der nächsten Zeile wieder aufgegriffen: *„Und langsam steigt der graue Mond"* (Z. 8). Durch die Inversion wird das Langsame und Ruhige betont, das verdeutlicht, wie unspektakulär und kahl die Landschaft ist. Das langsame Aufsteigen des Mondes könnte im Leser die Vorstellung einer idyllischen Abendlandschaft wecken, hier wird es durch die Verwendung des Adjektivs *„grau[]"* (Z. 8) eher zum Symbol für Trauer und Vergänglichkeit.

In der dritten Strophe wird, im Bezug zu den vorher erwähnten *„Jäger[n]"* (Z. 4), das Ableben eines Tieres durch eine Antithese dargestellt: *„Ein Wild verblutet sanft am Rain"* (Z. 9). Der durch das Wort *„sanft"* (Z. 9) beschönigte Tod des Tieres wirkt gerade durch diese vermeintliche Verharmlosung besonders grausam und abschreckend. Diese Antithese wird durch die scheinbar unbeteiligte, emotionslose Schilderung durch das lyrische Ich noch intensiviert. Erneut treten die Raben auf, die nun, im Gegensatz zum ruhigen Umherkreisen über dem Gewässer, *„in blutigen Gossen"* (Z. 10), die sinnbildlich für die Blutlache des sterbenden Tieres stehen, *„plätschern"* (Z. 10). Diese Beschreibung wirkt abstrakt, die Grausamkeit des Todes wird durch den Gebrauch des Verbes *„plätschern"* (Z. 10), das man eigentlich mit etwas Lebendigem, Fröhlichem verbindet, hier antithetisch eingesetzt und scheinbar beschönigt, doch beim Leser entsteht gerade dadurch ein grausames Bild des qualvollen Todes des Tieres. Der Blick des lyrischen Ichs wendet sich der Uferlandschaft zu, *„[d]as Rohr bebt gelb"* (Z. 11), eine Synästhesie, die Verbindung zweier getrennter Bereiche, hier der frostige, starke Wind verbunden mit dem hoch *„aufgeschossen[en]"* (Z. 11), toten, also *„gelb[en]"* Rohr. Die an sich getrennten Wahrnehmungen kumulieren zu einer

Gesamtaussage: Einsamkeit, Vergänglichkeit, Tod. Die letzte Zeile, in der die Eindrücke des lyrischen Ichs in einem Asyndeton dargestellt werden – „Frost, Rauch, ein Schritt im leeren Hain" (Z. 12) – wirkt gleichzeitig abrundend in Bezug auf das gesamte Gedicht: Die ruhige, „leere[]" (Z. 12) Winterlandschaft, die durch Frost und Nebel gekennzeichnet ist, wird kurzzeitig von etwas Lebendigem, dazu im Kontrast Stehenden, durchbrochen. Der „Schritt" (Z. 12) könnte auf das lyrische Ich selbst bezogen sein, das seine beobachtende Position verlässt, oder aber auf einen Jäger, der nach getaner Arbeit „nieder vom Wald [steigt]" (Z. 4). (1 Zeile frei)

– Interpretation Gesamtübersicht
Als roter Faden zieht sich das eindrucksvolle Bild einer bedrückenden, trostlosen Stimmung eines Wintertages durch das Gedicht. Kälte, Tod und Vergänglichkeit scheinen stets greifbar und allgegenwärtig zu sein. Sei es das erschossene Tier oder aber die einfache Beschreibung der kahlen Umgebung, die Grundstimmung der Traurigkeit und fast schon Untröstlichkeit, die zu Beginn beim Leser entsteht, wird mit jeder weiteren Zeile noch verstärkt. (1 Zeile frei)

– Biografie
Das von Traurigkeit und innerer ‚Leere' (vgl. Z. 12) durchzogene Gedicht lässt sich gut mit dem Autor Georg Trakl in Verbindung bringen, dessen Leben geprägt war von Depression, Drogenabhängigkeit und Tod. Wegen schlechter Leistungen brach er die Schule ab, was wohl der erste Anhaltspunkt für seine Drogensucht war. Die Drogen konnte er während des Praktikums in einer Apotheke leicht beziehen. Außerdem musste er relativ früh mit dem Tod seines Vaters psychisch zurechtkommen. Der Verlust des Ernährers bereitete der Familie finanzielle Probleme. Die Depressionen, in die Trakl verfiel, unterstützten die Drogensucht zusätzlich. Sie führten dazu, dass er sich in seinen Gedichten fand, sie ihm zum Spiegel der eigenen Befindlichkeit wurden: Schwermut, Traurigkeit und Mutlosigkeit. Weitere Schicksalsschläge, die er erleiden musste, beispielsweise die Krankheit seiner Schwester oder seine Hilflosigkeit, als er als Feldsanitäter die Sterbenden nicht retten konnte, führten zu einem Selbstmordversuch und der Einlieferung in ein Lazarett. Ähnlich wie sein Gedicht „Im Winter", das von Kälte durchzogen ist und so auch schließt, endet auch Trakls Leben trostlos. Er starb 1914 im Alter von nur 27 Jahren an einer Überdosis Kokain. (1 Zeile frei)

– Epoche
Klar ist der Bezug Trakls zur Epoche des Expressionismus. Ihre gesellschaftskritische Position führte dazu, sich dem bürgerlichen Denken ihrer Zeit zu widersetzen mit dem Ziel, die Gesellschaft zu erneuern. Das Gedicht „Im Winter" spiegelt das Lebensgefühl einer ganzen Epoche in den Themen Tod, Einsamkeit und später dann Krieg wider. Das Wissen um die allgemeine Unzufriedenheit und Verzweiflung der Epoche, gepaart mit den eigenen Schicksalsschlägen Trakls, lässt den Leser das Gedicht besser nachvollziehen und sich verständnisvoller in die düstere Stimmung einfühlen.

Das Gedicht ist mehr als hundert Jahre alt und entstand in der längst vergangenen Zeit des Expressionismus – und doch könnte es genauso gut aus der heutigen Zeit stammen. Dadurch, dass keine konkreten Gründe für die negative, pessimistische Stimmung aufgezeigt werden, lässt es sich mit jeder Zeit und vor allem auch mit jedem Menschen in Verbin-

dung bringen. Obwohl das lyrische Ich scheinbar nur die Eindrücke einer Winterlandschaft schildert, ziehen sich Traurigkeit und Schwermut deutlich durch das gesamte Gedicht. Das lyrische Ich wirkt wie ein leidender, hilfloser Mensch, der in seiner Mutlosigkeit versunken ist, und der Leser kann sich je nach Stimmung mit diesem identifizieren und sich in ihn einfühlen. Das Gedicht steht also sinnbildlich für Trauer und Verzweiflung, die jeder Mensch auf seine Weise erfährt, folglich sich in diesem zeitlosen Gedicht verstanden fühlt.

3. Gedichtvergleich: Georg Trakls „Im Winter" und Johann Wolfgang von Goethes „Maifest"

3.1 Einleitung

Der rote Faden der beiden Gedichte „Im Winter" von Georg Trakl und „Maifest" von Johann Wolfgang von Goethe ist die persönliche Sicht der Natur in der jeweiligen Jahreszeit, die man mit dem Titel assoziiert. Beide lyrische Ichs beschreiben sie aus ihrer Sicht, wobei diese Beschreibungen den Gefühlszustand widerspiegeln und zu den verschiedenen Jahreszeiten kaum unterschiedlicher sein könnten. Georg Trakl lässt sein Gedicht in der kalten, kahlen und düsteren Winterzeit spielen, Goethe aber jubiliert dem Frühling in seiner ganzen Pracht und seinen vielen leuchtenden Farben entgegen. Dies charakterisiert gut die verschiedenen Epochen, in denen die beiden Gedichte verfasst wurden und damit auch die Gefühlslage der Autoren. Bei Goethe ist es ein Werk aus dem „Sturm und Drang": Glück, Liebe und Neubeginn (Frühling). Trakls Gedicht ist dem Expressionismus zuzuordnen: hier dominiert Einsamkeit und Tod (Winter). (1 Zeile frei)

3.2 Konkreter Vergleich

Der erste große Unterschied der beiden Gedichte ist die äußere Struktur. Goethes „Maifest" ist in neun Strophen unterteilt, die jeweils vier Zeilen umfassen. Das Gedicht erinnert stark an einen Liedtext. Lieder sind meist fröhlich, mit Tanz, Glück und vielen Menschen verbunden. So strahlt das Gedicht das Liebesglück des Verliebten aus und nimmt den Leser in dieses Glück mit. Die überschäumende Freude Goethes zeigen die vielen Ausrufezeichen und Vergleiche: „Wie glänzt die Sonne!/Wie lacht die Flur!" (Z. 3–4) Alle diese Eindrücke sind für das lyrische Ich kaum in Worte zu fassen, so überwältigend ist die Natur für ihn. Trakls Gedicht „Im Winter" umfasst dagegen nur drei Strophen mit jeweils vier Zeilen. Die Parataxe dominiert in der Satzstruktur und wird in ihrer Monotonie so zum Spiegelbild von Jahreszeit und Gefühlswelt. „Der Acker leuchtet weiß und kalt" (Z. 1): sprachlich eintönig, nüchtern. Im folgenden Parallelismus gleichen die parataktischen Sätze einer Aufzählung. Trakl bezweckt damit, dass keine positiven Gefühle auf- und für den Leser rüberkommen, er wird in das kahle, traurige Landschaftsbild des Dichters fast gefühlsmäßig „gezwungen". Ein Metrum kann man bei beiden Gedichten nicht bestimmen. Ein verliebter Goethe kann die überschwänglichen Glücksgefühle in kein Metrum pressen, ein depressiver Trakl ist seiner eigenen Disharmonie – fehlendes Metrum – ausgeliefert, die ihn nur so und nicht anders die Welt sehen lässt.

Der zweite Unterschied fällt erst bei genauerem Durchlesen auf. Die Gedichte sind nicht nur äußerlich gegliedert, sondern auch inhaltlich. Sehr deutlich kann man den Verlauf bei Goethe sehen: Erst beschreibt der Dichter die Natur. Ab der vierten Strophe jedoch wird erst deutlich, warum das lyrische Ich die Natur so sieht, denn hier fällt zum ersten Mal das Wort „Liebe" (Z. 13). Über dieses Thema wird aber nur zwei Strophen geschrieben, nun wird klar, an wen diese Liebe gerichtet ist: An das „Mädchen" (Z. 21), das somit eine weitere sinngebende Gliederung einleitet und zwei Strophen einnimmt. Die letzten beiden Strophen stellen die Beziehung des lyrischen Ichs zu der Frau dar. Hier wird erst deutlich, was die Liebe dem lyrischen Ich gibt, nämlich „Freud' und Mut/Zu neuen Liedern/Und Tänzen" (Z. 32 ff). Das Glück der Beziehung ist also daran geknüpft, „wie [sie] [ihn] lieb[t]" (Z. 36). Bei Trakls Gedicht, das insgesamt nur drei Strophen umfasst, ist die inhaltliche Gliederung einfacher. Er ordnet diese zwölf Zeilen in einen Tagesablauf, der am Spätnachmittag, als die „Jäger (…) vom Wald [niedersteigen]" (Z. 4), beginnt. In der zweiten Strophe senkt sich der Abend herab, die Nacht kann noch nicht vorgedrungen sein, da man den Kontrast zwischen den „schwarzen Wipfeln" (Z. 5) und dem Himmel noch erkennen kann. Ebenfalls steigt der „graue Mond" (Z. 8) erst „langsam" (ebd.) am Himmel empor. Die letzten vier Zeilen runden das Gedicht ab, in der kargen Naturschilderung ist kein Raum für Menschen: Düsternis, ‚Leere' (vgl. Z. 12) und Einsamkeit dominieren. Bei Trakl also eine monoton distanzierte Beschreibung eines Wintertages bis hin zum Abend, bei Goethe eine Naturbegeisterung, die Strophe für Strophe ihren Grund offenbart: die Liebe zu einem Mädchen. Hier „Die volle Welt" (Z. 20/Goethe), dort „Frost, Rauch" (Z. 12/Trakl).

Frühlingsgefühle gegen die Wintereinöde. Schon der Titel der beiden Gedichte lässt auf die komplett verschiedenen Jahreszeiten und deren Naturbeschreibungen schließen. So ist ein weiterer großer Unterschied die Natur, die die lyrischen Ichs so grundverschieden aus ihrer Sicht betrachten. Bei Goethes „Maifest": Frühlingsgefühle, frische Blumen, viele Farben, die ganze Natur „leuchtet" (Z. 1). Man spürt förmlich die Energie, die tiefe Beglückung, die aus dem Gedicht hinausströmt. Der Leser wird mitgerissen mit dem lyrischen Ich: Seit an Seit das Bild der Natur in diesem schönen Mai in sich aufzusaugen, um ein Teil davon zu sein, Teil des in der Natur gespiegelten Liebesglücks. Das „Mädchen" (Z. 21) schlägt das lyrische Ich so in seinen Bann, dass der Verliebte die Welt nur „So golden schön" (Z. 14) wahrnehmen kann. Der Mai lässt also nicht nur „Blüten" (Z. 5) „[a]us jedem Zweig" (Z. 6) dringen, sondern auch „Freud und Wonne" (Z. 9) aus jedem Menschen. Der Mai verwandelt ihn, er wird Teil dieses Aufbruchs. Dagegen berichtet bei Trakl ein Beobachter distanziert, in keiner Weise von dem Beobachteten berührt. Von Verwandlung keine Spur, letztendlich von Leben keine Spur. Das Auflodern von Gefühlen steht bei Goethe parallel zum Neubeginn im Frühling, konkret assoziiert mit dem Wort „Morgen" (Z. 15, 27). Gefühlsüberschwang bei Wortarmut erfordert Neologismen („Blütendampfe" [Z. 19]) und Vergleiche („So liebt die Lerche/Gesang und Luft" [Z. 25]). Sie ermöglichen dem Leser diese Begeisterung zu erfassen, zu erspüren. Alles wirkt bunt durch die „glänz[ende] (..) Sonne" (Z. 3), durch die aufkeimenden „Blüten" (Z. 5) und durch die „Liebe" (Z. 13), die so „golden schön" (Z. 14) verzaubert. Und bei Trakl? Gefühlsarmut bei Wortreichtum bedingt dennoch eine karge Sprache – monotoner Berichtsstil.

Nun genauer zu Georg Trakls Gedicht „Im Winter": Es stellt einen absoluten Kontrast zu Goethe dar. Man assoziiert mit dem Titel sofort die kalten Wintermonate, in denen die Welt so trostlos, kahl und traurig wirkt. Dies spiegelt sich auch in der Naturbeschreibung wider, die nur nüchtern und gefühllos benennt – mehr auch nicht. Gleich das erste Lesen lässt den Leser frösteln, nicht jubilierend mitschwingen wie bei Goethe. Nicht nur durch die vielen negativ konnotierten Adjektive („kalt" (Z. 1), „einsam" (Z. 2), „ungeheuer" (Z. 2), „schwarz[]" (Z. 5), „grau" [Z. 8]) entsteht dieses Bild, sondern auch durch die „Raben" (Z. 10), „Dohlen" (Z. 3) und „Jäger" (Z. 4), in diesem Gedicht Symbole des Todes.

*Im Gegensatz zu Goethes Farbenpracht hier von der Stimmung ein Schwarzweiß-Bild.
Gedicht des Lebens versus Gedicht des Todes, Gedicht der beglückenden Gemeinsamkeit
versus Gedicht erfahrener Einsamkeit. „Der Acker leuchtet weiß und kalt" (Z. 1), Schnee
kontrastierend mit der schwarzen Farbe der „Dohlen" (Z. 3), „schwarzen Wipfeln" (Z. 5)
und „Raben" (Z. 10). Während bei Goethe das Gedicht vor Energie sprüht, beschreibt der
Lyriker von „Im Winter" die Natur eintönig, distanziert, immer nach dem gleichen Schema.
Das zeigt sich vor allem in der ersten Strophe: In allen vier Zeilen die gleiche Satzstruktur,
monotoner Parallelismus: Subjekt, Prädikat: „Der Acker leuchtet weiß und kalt./Der Himmel
ist einsam und ungeheuer." (Z. 1 f). „Dohlen kreisen über dem Weiher", die vierte Zeile.
Die beschriebene Flugbahn wird durch eintöniges Kreisen ihrer Bewegung beraubt. Auch
„der graue Mond" (Z. 8) steigt nur „langsam" (Z. 8), ein eher statisches Bild. Kein Hin zur
Natur, zur Liebe, zum Mädchen, sondern nur Distanz, Einsamkeit und Kälte.* (1 Zeile frei)

3.3 Schluss

*Zwei unterschiedliche Gedichte, zwei unterschiedliche Stimmungen, zwei unterschiedliche
Epochen. Aber das Gemeinsame ist, der Leser bleibt nicht unberührt: Reißt der jugendliche
Goethe ihn mit, lässt der depressive Trakl die äußere und innere Kälte ihn tief spüren.
Dichtung, die berührt – positiv oder negativ. Goethe oder Trakl, beide Meister, ihrem
Gestimmtsein den sprachlichen Ausdruck zu verleihen, beide werden ihre Leser finden,
und zwar genau die Leser, die in den gewählten Bildern der beiden Lyriker ihr eigenes
Gestimmtsein finden. Beide schenken ihren Lesern einen Raum, einen sprachlich begrenz-
ten, definierten Raum für ihre Gefühle, bei denen die Leser dann spüren: Hier bin ich zu
Hause! Ob dort das Schweigen wohnt oder Blüten aus jedem Zweig dringen, spielt keine
Rolle, entscheidend ist nur, was der Leser als seine Gefühlsheimat in diesem Augenblick
ersehnt und braucht. In einem der beiden Gedichte zu spüren, hier bekommt mein Gefühl
sprachlich Wohnung, zeigt die Meisterleistung beider Dichter, beider Gedichte, und das ist
die entscheidende Gemeinsamkeit.*

2.8 Lyrik-Probleme

Bevor ich jetzt weitermache, fasse ich für dich die Probleme zusammen, die meine Schülerinnen und Schüler in der 12. Klasse noch mit der Lyrik hatten. Und das kommt dir vielleicht auch bekannt vor, wenn du die Bemerkungen deines Lehrers unter deinen Lyrik-Aufsätzen liest.

Zu 1. Einleitung: Hier gelang oft die Kurzzusammenfassung nicht. Entweder war sie zu allgemein oder zu ausführlich. Nochmals kurz zur Wiederholung:

TIPP Überlege dir, nachdem (!) du das Gedicht in aller Ruhe durchgearbeitet hast, worum geht es in ihm und fasse das in 1–2 Sätze zusammen.

Zu 2. Inhaltsangabe: Oft wurde hier bereits interpretiert und viele Zitate eingebaut: Beides leider total falsch! Bitte an die Gesetze der Inhaltsangabe denken: sachlich, Präsens und nur wenig Zitate!

TIPP Nochmals der **Tipp**: jede Strophe mit 1–2 Sätzen inhaltlich benennen, wobei bei längeren Gedichten auch Sinnabschnitte (mehrere Strophen) zusammengefasst werden können. Überlege dir vorher, wie das Gedicht gegliedert sein könnte. Das bietet sich für die Formulierung der Inhaltsangabe dann an.

Zu 3. Interpretation
Zur äußeren Form: Naja, meine Schüler werden sicherlich keine Metrum-Freeks werden, aber sie haben nach mehreren Anläufen das Prinzip verstanden.

TIPP Klopfe den Metrums-Takt ganz stur auf dem Tisch, dann kommst du am weitesten!

Zur Interpretation: Vielen fällt ungemein schwer, zwischen Inhalt und Interpretation zu unterscheiden! Nochmals für dich: Frag dich bei einer Interpretation immer: Warum...? (Warum steht das Wort an dieser Stelle? Warum ist dieses Wort gewählt? Welche Assoziationen habe ich bei dem Wort bzw. bei diesem Satz?) Du kennst doch nun schon viele Untersuchungsansätze, wende diese gezielt an!

TIPP Frag dich immer: Ist das nur Inhalt oder habe ich hier bereits vertieft?

Zur Sprache: Sehr problematisch bei den vorgelesenen Hausaufgaben meiner Schüler war die Sprache: langweilig, mit vielen dass-Sätzen (*das zeigt, dass…/daran sieht man, dass…* usw.). Wir haben die Hausaufgaben unter den Visualizer gelegt und sie dann am Activboard gemeinsam verbessert und versucht, jeden dass-Satz zu ersetzen.

BEISPIEL Beispiel: *Das Zitat zeigt, dass das lyrische Ich tief verletzt wurde.*
Verbesserung: *Das Zitat zeigt die tiefe Verletzung des lyrischen Ichs.*

TIPP **Regel:** Mache ein Nomen daraus! Wir haben nicht viel verändert, aber sofort klingt alles anders: besser, geschmeidiger. Auf diesem Weg vermeidest du die ständigen dass-Sätze, die klingen ja wirklich wie in der Grundschule!

Zu Zitaten: Gell, du denkst dran, die Zitate müssen grammatikalisch angeglichen werden und auch Sinn ergeben!

TIPP **Regel:** Wenn du es laut liest, darf der Zuhörer nicht hören, an welcher Stelle das Zitat sich befindet! Und so angefressene Zitate, die aus paar Wörtern bestehen, aber keinen Sinn ergeben, sind natürlich auch Quatsch!

Zu Stilfiguren: Und noch 'was Wichtiges! Wenn du eine Stilfigur gefunden hast und benennen willst, dann nenne nicht nur die Stilfigur allein, sondern auch das Wort (bzw. die Wörter) im Text:

BEISPIEL Beispiel: *Die Anapher in Z. beschreibt...*
Verbesserung: *Die Anapher „O Erd', o Sonne! O Glück, o Lust!" (Z.11 f.) beschreibt…*

TIPP **Regel:** der Lehrer darf nie nachschauen müssen, um welche Worte es sich im Detail handelt, die müssen in deinem Text genannt werden!
    Und die Stilfiguren nicht einfach hinschreiben und das war's, sondern sich über-legen: Warum wurde gerade diese Stilfigur gewählt? Was bedeutet sie innerhalb des Gedichtes? Was soll durch sie erreicht werden?
    Wenn du mehrere Wörter aus verschiedenen Zeilen im Gedicht bei der Interpretation berücksichtigen willst, dann tue es nur im Rückblick.

Zu Gesamtüberblick: Achte auf Beginn und Ende und auf Wörter, die mehrfach im Text vorkommen. Gib es da eine Veränderung? Behalten sie ihre Bedeutung?

Zu Epoche und Biografie (des Dichters): Hier ist meine Antwort banal: Entweder du weißt es oder du weißt es nicht, Punkt! Entweder du kennst die Biografie des Dichters (was oft unwahrscheinlich ist) oder nicht (was der Regelfall ist)! Bei der Epoche verhält es sich ähnlich. Du musst die Epochen als Faktenwissen kennen und dann das Gedicht entsprechend einordnen. An diesem Punkt sind Jahreszahlen beim Gedicht hilfreich, sie geben einen Hinweis auf die Zeit und damit auf die Epoche. Ansonsten wäre ich auch bei diesem Teil zurückhaltend, wenn er nicht ausdrücklich in der Aufgabenstellung gefordert wird.

Zu 3. Schluss: Der Schluss war dann der volle Abschuss! Viele Schüler kamen bei der Hausaufgabe gar nicht so weit. Grund: Es war eine Hausaufgabe! Wer aber bis zum Schluss durchhielt, stand oft wie der „Ochs vorm Berg"! Dann wurden irgend-welche Aktualisierungen geboten, die nur am Rande etwas mit dem Gedicht zu tun hatten, wobei die Aktualisierung selbst fast schon peinlich war.

TIPP **Regel:** Frage dich, worum geht es denn in diesem Gedicht? Was ist das Zentrum der Aussage? Benenne dieses am Schluss und gehe von diesem klaren Bezug zum Gedicht in eine Aktualisierung, Botschaft… Aber bleibe letztendlich beim Gedicht und lasse dich dann nicht über Gott und die Welt aus, am besten noch mit Statistiken und Untersuchungen.

Tipps beachten, fleißig üben, erfolgreich sein! Und dann sagen: „Wow, ich wähle Lyrik im Abi!"

3. Textinterpretation: Prosa (Aufgabe III)

Hm, Textinterpretation, mal ganz ehrlich: Ich persönlich würde sie im Deutsch-Abi nicht wählen! Wenn du die Interpretation nimmst, aber nicht die Pflichtlektüre willst (zu der ich, falls sie angemessen durchgenommen wurde, immer rate), dann tendiere ich eher zur Lyrik, da hier noch ein Aufbau der Vorgehensweise und des Aufsatzes möglich ist (siehe vorheriges Kapitel)! Das ist so meine persönliche Einschätzung aufgrund mancher Texte im Abitur der letzten Jahre. Aber lass uns die Situation durchspielen: Du schreibst jetzt eine Klassenarbeit zur Textinterpretation, Punkt!

Ich gehe jetzt von einer Klassenarbeit (KA) aus, also vierstündig (rund 200 Minuten, Pausen dazu gerechnet), auf diese Minutenzahl richte ich meinen Zeitvorschlag. Beim Abitur musst du meine Minutenangaben einfach um ungefähr fünfzig Prozent erhöhen.

Ich weiß jetzt nicht, wie dein Deutsch-Lehrer die Aufgabe formuliert, aber grundsätzlich gibt es zwei Möglichkeiten der Aufgabenstellung:

– eine – wie im Abitur ab 2005 in Baden-Württemberg üblich – mit der Standard-Formulierung: „Interpretieren Sie den Text": Das ist die schwierigere Variante, da du nicht mehr durch die Aufgabenstellung auf Schwerpunkte „hingeschoben" wirst.

– eine mit präzisen Aufgaben – vor 2005 (vgl. S. 89).

Starten wir mit dem **Aufbau**, der ist mehr als einfach – was die Aufsatzart nicht leichter macht!

3.1 Aufbau und Vorschlag eines Zeitplanes (KA 200 Minuten)

Textinterpretation Prosa	Minuten	Seiten
Durcharbeiten der Textstelle	40–50	
1. **Einleitung** (2 Zeilen frei)	10	$\frac{1}{3}$
2. **Inhaltsangabe** (1 Zeile frei)	20	$\frac{1}{2}$–1
3. **Interpretation** (2 Zeilen frei)	90	5–7
4. **Schluss**	10–15	$\frac{1}{2}$–1
Durchlesen der Arbeit/Puffer	10–15	

Die Zeitvorschläge sind sehr variabel zu handhaben, sodass eigene Zeitschwerpunkte – wie bereits bekannt – locker möglich sind.

TIPP Den Zeitplan unbedingt auf die Klassenarbeitszeit übertragen und sich die Uhrzeiten bei Klassenarbeitsbeginn kurz notieren, dann während der KA abhaken und das beruhigende Gefühl haben: Ich arbeite mich an meinem Plan voran und liege ungefähr in der Zeit!

Zur Klassenarbeit mitbringen

Die nachfolgende Auflistung halten jetzt manche von euch vielleicht für überflüssig. Aber ich habe da als Lehrer meine Erfahrungen. Daher, schaut, ob ihr auch wirklich alles dabei habt. Kostet euch fünf Minuten und reduziert den Stress vor und in der Klassenarbeit enorm!

- Füller und Ersatzpatronen (!)
- Uhr (Handy und iPhone sind keine Uhr, sondern ein Täuschungsversuch!)
- Lineal
- Vierfarbstift
- Verschieden farbige Marker und/oder Buntstifte

3.2 Schriftlicher Teil: Prosa Schüler-Lösung

ÜBUNG

Aufgabenstellung: Interpretieren Sie den Text.
(Aufgabenstellung im Abitur seit 2005 in Baden-Württemberg in dieser Form)

Thomas Hürlimann (*1950)
Der letzte Auftritt

Sie schleppte ihren Schminkkoffer vom Bahnhof durch die Stadt in den Biergarten. Sie wußte, das war das Ende. Die Existenz gescheitert, die Träume zerbrochen. Außer diesem Schminkkoffer hatte sie nichts mehr, und sie hatte Hunger, und sie war müde, zum Sterben müde. Hier, in St. Gallen, hatte sie vor Jahr und Tag ihr erstes Engagement gehabt. Hübsch war sie damals
5 gewesen, voller Lust auf Liebe, Zukunft und Kunst. Und heute? Lächelnd betrat sie den Garten. An der Hauswand lehnte ein Kellner, und dort, am Tisch unter der alten Platane, saßen wie früher die Leute vom Theater, ihre Textbücher vor sich, die vom Feuer der Probenleidenschaft angesengt und gerollt waren.
Ka taumelte auf einen Stuhl. Eine Flasche kippte, holperte über den Gartentisch, jetzt ein Schrei,
10 und dann war es still.
„Kathi" – „Mattmann!"
Er wars, der alte Mattmann, und sonderbar – er, der schon zu Kas Anfängerzeit alt gewesen war, hatte sich kaum verändert. Dasselbe Fach wie früher. Unsterblich, wie es hieß, vor zwanzig Jahren sein Firs, vor vierzig sein Meister Anton.˙ Wie viele Greise, wie viele Väter mochte er gespielt
15 haben? Links von ihm eine kesse Blonde und rechts – nein, aber nein! Jetzt war es Ka, die schrie: „Gudrun!" schrie sie, und Gudrun: „Kathi! Liebling! Du!"

Umarmung, Küsse, Tränen. Da passierte es. Ohne Absicht, einfach so. Ka schwindelte. Und der kleine Schwindel tat ihr gut, trug sie weg und war, bevor sie es selber richtig begriff, eine ekelhafte, fette Lüge geworden. Sie sei nur auf der Durchreise, hatte sie gesagt, lächelnd und leise. Gestern

20 habe sie in Wien verhandelt, mit Klaus, und heute abend werde sie Achim treffen, in Zürich, in der Kronenhalle." „Klaus?" fragte die Blonde.

„Peymann", flötete Ka, „übrigens ein feiner Kerl. Was mögt ihr trinken?"

„Champagner!" rief Mattmann, der Kellner stieß sich von der Mauer ab, und Gudrun: „Du, ich bin glücklich", hauchte sie, „für dich bin ich glücklich."

25 Gott je, ein Stress, log Ka weiter, ein riesiger Stress, plötzlich sei sie im Geschäft, ein Stündchen jedoch wolle sie hier, wo sie angefangen habe, in Nostalgie machen, unter anderem auch deshalb, weil das ZDF ein Feature plane, die Gnade des späten Erfolges, so der Arbeitstitel, „da müßt ihr alle mitmachen, ihr Lieben, das wird eine ganz tolle Sache!"

Irgendwann zog die Blonde ab. Mattmann sah ihr nach, mit trübem Blick. Das Frischgemüse,

30 meinte er, sei auch nicht mehr, was es früher einmal gewesen war. „Früher, Kathi. Zu unserer Zeit!"

Ka, plötzlich: „Ich bin am Ende. Ich kann nicht mehr."

Gudrun: „Du, das versteh ich. Da rackert man sich ab, jahrelang, und dann, über Nacht, wollen dich alle zugleich, der Klaus in Wien und der Achim in Zürich."

35 „Und das ZDF", versetzte Mattmann.

„Heul dich ruhig aus", sagte Gudrun, „du, ich fang dich. Ich drück dich. Du hast es geschafft, und wenn es eine verdient hat, dann du, Kathi, ehrlich."

Mattmann war nun doch noch alt geworden, so alt wie Firs, den seine Herrschaft am Schluß des Stückes vergißt und einschließt im leeren, alten Haus. Die Lider sanken über seine nassen Augen,

40 das Kinn fiel zittrig vom Gesicht. „Leberkrebs", flüsterte Gudrun, bleckte ihre Zähne und erzählte, daß der Zahnarzt, der ihren Oberkiefer repariert habe, ihr Geliebter sei, „ganz nett, ehrlich, aber aus seiner Ehe steigt der Trottel nicht aus."

Von der Kathedrale klang ein Abendläuten, der Himmel wurde blau, der Garten schattig. Gudrun sprang auf, Küßchen links, Küßchen rechts, dann hüpfte sie davon, ins Theater, in einer Stunde

45 würde drüben die Vorstellung beginnen. Ka stellte den Schminkkoffer auf ihren Schoß. „Ich habe nicht gelogen", sagte sie leise, „ich habe noch einmal gespielt."

Der Kellner war im Innern verschwunden. Gelbes Licht quoll heraus, Fettgestank und Rauch. Ka erhob sich, schlich ab, und als sie im Tor noch einmal sich umdrehte, hockte im leeren, dunklen Garten nur noch der Alte, Mattmann, und schlief. Sie schickte ihm einen Kuß zu. Da fuhr Wind in

50 die Platanen, und was da raschelte und rauschte – es hörte sich an wie Applaus.

*   Firs: Figur in Tschechows Drama „Der Kirschgarten"; Meister Anton: Figur in Hebbels Drama „Maria Magdalena"
**   Gemeint sind Claus Peymann, Regisseur und Theaterintendant, und Achim Benning, ehemaliger Direktor des Schauspiel-
      hauses Zürich.

Aus: Thomas Hürlimann: Die Satellitenstadt. Geschichten. Zürich 1992, S. 142 ff.

1. Durchlesen des Textes (10 Minuten)

Zunächst: Genau durchlesen und sich einen Überblick verschaffen. Dann zum zweiten Mal durchlesen und markiere mit dem Vierfarbstift:
- blau: den wesentlichen Inhalt
- rot: zentrale Sätze
- grün: unverstandene Sätze/Wörter (auf diese Sätze bei der weiteren Interpretation besonders achten!)

2. Text durcharbeiten (40 Minuten)

Alle Auffälligkeiten sofort am Rand notieren. Assoziationen freien Lauf lassen! Dabei folgende Untersuchungsansätze beachten.

Untersuchungsansätze
- **Textgliederung:** Wie ist der Text gegliedert? Aus wie vielen Teilen besteht er? Kann man die Gliederung zu einem logischen System verbinden, z.B. nach Ort, Zeit, Personen? Besteht eine Parallelität zwischen Anfang und Ende? Wird am Anfang begonnen, was am Schluss beendet wird?
- **Zeit:** Gibt es in der Zeit Unterschiede? Wo liegt ein Zeitenwechsel (Vergangenheit/Gegenwart), was könnte dafür der Grund sein?
- **Wörtliche Rede:** Wie oft kommt wörtliche Rede vor und an welcher Stelle?
- **Satzlänge:** Wann sind die Sätze kurz, wann lang (Parataxe/Hypotaxe)? Gibt es dabei eine Interpretationslogik?
- **Wiederholung von Wörtern:** Kommt ein wichtiges Wort mehrfach vor → farbig markieren. Ist dieses ein Schlüsselwort?
- **Personen:** Welches sind die Haupt- und Nebenpersonen? Wie ist ihr Verhältnis zueinander? Gibt es Auffälligkeiten bei den Personen? Vom Äußeren, vom Denken und Fühlen? Haben sie bestimmte Ziele, gar eine Strategie?
- **Erzählform, -haltung und -stil:** Geben Zitate oder innere Monologe/erlebte Rede Auskunft über das Innere der Personen? Gibt es einen Erzähler? Wie ist die Erzählform (auktorial, personal, neutral)?
- **Natur:** Welche Bedeutung hat die Natur? Ist sie in Harmonie mit den Personen oder im Kontrast? Treten bestimmte Tiere oder Pflanzen auf? Warum gerade diese, welche Bedeutung kann man ihnen geben?
- **Stilmittel/Rhetorische Mittel:** (vgl. →www.klausschenck.de/ks/downloads/h19stilfiguren.pdf) Beginnen Sätze immer gleich (**Anapher**)? Werden besondere Bilder gewählt (**Metapher**), die möglicherweise sich symbolisch deuten lassen? Gibt es einen Gegenstand, an dem sich vieles festmachen lässt oder der ein **Symbol** darstellt → markieren?

3. Analyse der Aufgabe

– Die **wichtigsten Wörter** der Aufgabenstellung markieren und auch mögliche Zwei-
teilung in einer Aufgabenstellung erkennen (meist durch „und" verbunden). Oder:
Die Aufgabenstellung in eigenen Worten nochmals aufschreiben (als Frage umfor-
mulieren) und dies dann mit der Aufgabenstellung vergleichen. Stimmt meine Interpretation der Aufgabenstellung hinsichtlich der tatsächlichen Aufgabenstellung?
– Jetzt gemäß der **Aufgabenstellung** – falls vorhanden – das Entsprechende mit bestimmten Farben versehen, z.B. Personen: verschiedene Personen im Text mit unterschiedlichen Farben markieren.
– Wird nach dem **Inhalt** gefragt, jeden wichtigen Abschnitt mit zwei, drei Wörtern am
Rand zusammenfassen, um danach eine Inhaltsangabe erstellen zu können oder die
inhaltlich wichtigen Wörter → markieren (z.B. gelber Marker).

Die Aufgabenstellung ist vorher bekannt, das (Zeit-)Problem liegt im Finden eigener
Schwerpunkte. Man wird nicht mehr durch die Aufgabenstellung gesteuert und auf
Schwerpunkte „gezwungen". Bei dieser Klassenarbeit wurde daher genau diese Auf-
gabenstellung („Interpretieren Sie den Text") gewählt.

4. Schriftlicher Teil

4.1 Einleitung (10 Minuten, 1/3 Seite)

– Autor, Titel, Textsorte (nicht „Geschichte" oder „Erzählung" schreiben: beides sind
keine Textsorten!)
– Kurzzusammenfassung: Inhalt od. Thematik od. Personen, dies hängt von der Kurzgeschichte oder der ersten Aufgabenstellung ab

BEISPIEL **Beispiel einer Schüler-Lösung (visualisiert):**
Ich biete dir nachfolgend zwei visualisierte Lösungen. Überlege dir selbst, welche dir
eher liegt oder kombiniere beide für dich zu deiner (dritten) Lösung!

Einleitung 1: *In der Kurzgeschichte „Der letzte Auftritt" von Thomas Hürlimann steht die
Schauspielerin Ka im Zentrum, die ihre gescheiterte Existenz vor ihren Freunden verleugnet
und dadurch zum letzten Mal die Möglichkeit bekommt, all ihr schauspielerisches Talent
unter Beweis zu stellen.*

Einleitung 2: *In seiner Kurzgeschichte „Der letzte Auftritt" erzählt der Autor Thomas
Hürlimann von der Begegnung einer gescheiterten Schauspielerin mit deren ehemaligen
Schauspielerfreunden. Im Zuge ihres „letzten Auftrittes" belügt sie diese durch Schilde-
rungen einer glorreichen Karriere. Doch zu guter Letzt wird sichtbar, dass nicht nur ihre
Darstellungen Lug und Trug waren.*

Hinweis: Es gibt durchaus die Aufgabenstellung einer **Textinterpretation mit präzisen Aufgaben** (zum Beispiel in Klausuren). Diese Aufgaben der Reihe nach (!) lösen. Kein Konzept machen! Die Aufgabenstellung exakt am konkreten Text erfüllen, dabei in Blick auf die Aufgabenstellung am Text entlang gehen. Die Vorarbeit wurde durch Farben geleistet. Aber es muss ein ziemlich klares Textverständnis vorliegen, das die Integration verschiedener Zitate aus dem Text (Zeilenangabe!) ermöglicht. Grundsätzlich muss alles am Text belegt werden, auf Spekulationen außerhalb des Textes ist zu verzichten.

4.2 Inhaltsangabe

BEISPIEL **Beispiel einer Schüler-Lösung:**

Die gealterte Schauspielerin Ka kehrt nach ihrem Scheitern in der Branche an den Ort ihres ersten Auftrittes, St. Gallen, zurück. In einem Biergarten trifft sie Schauspielfreunde aus früheren Zeiten an. Nach einer herzlichen Begrüßung lügt sie ihnen ihre imaginären Erfolge vor, doch ihre Maske fällt nach einiger Zeit. Ka gibt vor ihren Freunden zu, am Ende zu sein, doch diese interpretieren die Aussage als Anzeichen von Erschöpfung wegen der vielen Engagements. Auch die Bekannten scheinen erfolgreich zu sein, aber zu Ende der Geschichte fällt der Schleier und es wird klar, dass sie ebenso gescheitert sind. Trotz des Versuches der Klarstellung bleibt Kas Lüge von der glorreichen Karriere bis zum Schluss unerkannt und so bezeichnet die Schauspielerin diesen Vorfall als ihren letzten Auftritt und revidiert so die eigentliche Lüge.

4.3 Textinterpretation

Bei Erzähltechnik und sprachliche Gestaltung steht der ganze Text im Zentrum. Hier bewährt sich dann die oben geleistete Vorarbeit.

4.3.1 Erzähltechnik

– **Figurencharakteristik/Figurenkonstellation**: Persönlichkeitsmerkmale (innerer Monolog, Zitate usw.), direkte Charakterisierung durch den Autor. Ist diese tendenziös (auf- oder abwertend)? Verhaltensweisen/Beziehung zu sich und zu anderen
– Typische **Orte, Räume, Straßen**: Wie sind diese zu interpretieren? Kann man sie interpretatorisch verbinden?
– **Zeiterfahrung und -struktur**: zeitraffend/zeitdehnend; Wechsel der Zeitebenen: Rückblenden, Vorausdeutungen
– **Erzählperspektive**: auktorial, personal, Ich-Erzählung
  · Erlebte Rede: 3.Pers. Indikativ Präteritum
  · Innerer Monolog: Wiedergabe von Gedanken und Gefühlen (1.Pers. Sg. Präsens)
  · Bewusstseinsstrom („stream of consciousness"): wenn teilweise sehr assoziativ und ungeordnet
  · **Textsorte**: Begründung, weswegen der vorliegende Text eine Kurzgeschichte, Parabel, Satire oder Märchen ist

4.3.2 Sprachliche Gestaltung:

WICHTIG: Stilfiguren/Rhetorische Mittel (vgl. → www.klausschenck.de/ks/down-loads/h19stilfiguren.pdf) müssen auswendig gelernt werden. Und man muss ihre Funktion am Text zeigen können! Nachfolgend Beispiele zur Analyse:

* Metaphern/Symbole
* Schlüsselwörter

* Wortwiederholungen
* Wortarten: Was do-miniert? Adjektive, Superlative, Substanti-ve? Lassen sich diese Wortarten zusammenfas-sen und ergibt dies eine gemeinsame Interpreta-tionslinie?

* Doppeldeutigkeiten
* Wortneuschöpfungen

* Wortfelder

* Sprachebene: Umgangs-sprache, Hochsprache, Jargon (z.B. Jugendjar-gon)

* Satzbau: Parataxe/Hypotaxe, Reihungen, Parallelismen, Anaphern, Steigerungen, Ellipsen (Verkürzung um das Verb/Prädikat auf das Wesentliche der Aussage, z.B. „Ende gut, alles gut")

Zitatintegration:
Vermeide Zitate als vollständige Sätze wegen der Verben, da diese im Deutschen oft umgestellt werden müssen (Hauptsatz/Nebensatz/Zeit), integriere in deine Interpretation einzelne Zitatwörter, womit du den Inhalt absicherst.

TIPP Mein weiterer Tipp ist unter Deutschlehrern sehr umstritten, deswegen sprich vorher mit deinem Deutsch-Lehrer! Ich rate meinen Schülern, ein Zitat mit Verb (also meist ganzer Satz) der Interpretationssprache – also dem Präsens – anzupassen, so gewinnt deine Arbeit hinsichtlich der Grammatik-Zeit eine gewisse Einheitlichkeit. Wenn Zitate in der Vergangenheit bleiben, kippst du leicht bei der Interpretation auch in die Ver-gangenheit, und das ist dann aber wirklich falsch! Bei einer Änderung der Zeit im Zitat muss natürlich das Verb oder der veränderte Teil des Verbes in eine eckige Klammer, das dürfte klar sein, oder? Jede Änderung – auch die kleinste – muss durch eckige Klam-mer signalisiert werden. Den Zitatnachweis lass ich in eine runde Klammer stellen. Um dieses ganze Problem mit der Erzählzeit in der Vergangenheit und den vielen Klammern zu umschiffen, bleibe ich bei meinem Ratschlag, so wenig wie möglich vollständige Sätze mit Verben zu integrieren, das kann in ein „Klammer-Hexenwerk" ausarten!

Wenn du diese theoretischen Ausführungen nicht verstehst, schau dir die integrier-ten Zitate in der Schülerarbeit an, dann dürfte es dir klar werden. In der Schülerarbeit findest du sowohl Beispiele von angeglichenen Zitaten in der Gegenwart als auch Zitate in der unveränderten Vergangenheit.

Interpretation (90 Minuten, 5–7 Seiten)

– Einleitung/Einleitungsgedanke
– Zitatintegration
– Stilfiguren und Erzähltechnik
– Zentrale Interpretationsansätze
– Allgemeine Textbeobachtungen

BEISPIEL

Beispiel einer Schüler-Lösung (visualisiert):

Thomas Hürlimann zeigt uns am Beispiel der Schauspielerin Ka eine große Gefahr des Menschen auf. Das Verlangen eines jeden nach Stolz, Würde und Ansehen verhindert die Ehrlichkeit. So verschleiert Ka ihre Probleme und beschönigt die Situation stark. Zwar erhält sie dadurch die angestrebte Bewunderung, doch ihr wirkliches Bedürfnis wird nicht gestillt – sie erhält keinen Trost und auch keinen Rückhalt. Letztendlich bleibt sie alleine zurück. Ebenso wie Ka laufen durch ihr übermäßiges Streben, etwas Besseres zu sein, alle Menschen Gefahr zu vereinsamen.

„Der letzte Auftritt" wird aus einer Sicht der Hauptperson Ka dargestellt. Durch deren erlebte Rede – „[h]übsch war sie damals gewesen" (Z. 4 f.) – lässt sich die Erzählperspektive als eine personale identifizieren.

Nach dem abrupten Einstieg in die Geschichte wird zunächst einmal die Lebenssituation der Hauptfigur beschrieben. Ihre „Existenz [ist] gescheitert, die Träume zerbrochen" (Z. 2) und sie ist „zum Sterben müde" (Z. 3). Diese Hyperbel verdeutlicht die Sicht Kas auf ihr gescheitertes und ausweglos Leben. Im Gegensatz dazu steht die Zeit „ihr[es] erste[n] Engagement[s]" (Z. 4). Damals besaß sie noch Talent und sie erinnert sich zurück an die Jahre, als die Textbücher metaphorisch „vom Feuer der Probenleidenschaft angesengt und gerollt waren" (Z. 7 f.). Ihre jetzige Verfassung unterscheidet sich stark von dem damaligen Enthusiasmus, als sie „voller Lust auf Liebe, Zukunft und Kunst" (Z. 5) gewesen ist. Nun rücken solche Grundsätze in den Hintergrund und einfache Grundbedürfnisse, wie die Tatsache, dass sie „Hunger" (Z. 3) hat, treten hervor. Ihre Illusionen sind dahin und die innere sowie äußere Schwäche wird durch die Art, wie sie „taumelt[ ]" (Z. 9), verdeutlicht. Der Ausspruch „dann war es still" (Z. 10) macht ihre Einsamkeit klar.

Diese wird jedoch durch die erste direkte Rede in „Der letzte Auftritt", durch den Ruf: „Kathi" (Z. 11) durchbrochen. Ka ist nun nicht länger eine gescheiterte, einsame Person, sondern ein Mensch, der erkannt wird. Die Schwermütigkeit, die sie dazu brachte ihren Schminkkoffer zu „schlepp[en]" (Z. 1), ist dahin. Eine neue Ka kommt zum Vorschein. Sie befindet sich wieder in ihrer „Anfängerzeit" (Z. 12). Und in diesem Moment erfüllt Ka voll und ganz das Schema des von Thomas Hürlimann kritisierten Menschen. Ihre Wandlung wird auch durch die parataktisch gebauten Sätze zu Beginn des zweiten Sinnabschnittes verdeutlicht, ebenso wie durch das Asyndeton: „Umarmung, Küsse, Tränen." (Z. 17). Die Geschichte scheint sich auf einmal beschleunigt zu haben, die obige Akkumulation (vgl. Z. 17) verbreitet eine gewisse Hektik, Lebendigkeit und reißt Ka scheinbar aus der Schwer-

mütigkeit. Doch als Pfand für diese Metamorphose dient die Glaubwürdigkeit. Schon die ersten Aussprüche: „Kathi! Liebling! Du!" (Z. 16) deuten auf den weiteren gekünstelten Verlauf der Geschichte hin. Denn nach so langer Zeit ist die Kosebezeichnung „Liebling" (Z. 16) kaum angebracht und verspricht so ein wahres Schauspiel. Hiermit ist eine Entwicklung, dass „Ka schwindel[...]" (Z. 17), abzusehen und die euphemistische Rechtfertigung, dass es „ohne Absicht" (Z. 17) und „einfach so" (Z. 17) geschieht, nicht verwunderlich. Von nun an ist das ganze Gespräch auf ein Lügengebilde aufgebaut, von dem nicht nur Ka ergriffen wird. Auch Mattmann versucht sich, durch die „kesse Blonde" (Z. 15) an seiner Seite, Jugend in alten Jahren zu verschaffen. Thomas Hürlimann symbolisiert das Abgleiten und Entgleisen des Gespräches durch eine Klimax. So wird der „kleine Schwindel" (Z. 18) bald zur „ekelhafte[n], fette[n] Lüge" (Z. 18 f.). Die Zügel entgleiten Ka und durch ihre Erzählungen zwingt sie auch ihre Zuhörer in eine unehrliche Rolle. Sie erzwingt sich von ihnen geradezu für sie glücklich zu sein (vgl. Z. 24) und somit ihre Geschichte als glaubwürdig zu titulieren. Schaut man jedoch etwas genauer hin, so blickt man leicht hinter die Fassade und erkennt am Kommunikationsmuster der Freunde deren schauspielerisches Talent. Sie schreien, „flöte[n]" (Z. 22) und „hauch[en]" (Z. 24), kurz gesagt, bedienen sich ihrer berufsbedingten Fähigkeiten, um sich gegenseitig eine heile Welt vorzuspielen. Die Maske fällt zuerst bei Mattmann, dessen Blick „trüb[...]" (Z. 29) wird, als sein „Jungbrunnen", „die Blonde" (Z. 29), geht. In diesem Bereich ist auch die Wende des Gespräches zu sehen, als Ka scheinbar ihrem Gewissen nachgibt und so „plötzlich" (Z. 32) sagt, dass sie „am Ende" (Z. 32) sei und „nicht mehr" (Z. 32) könne. Diese Aussage kann als Hilferuf gesehen werden, der die Freunde auffordert, ihr eine Stütze zu sein. Doch Ka hat sich schon zu sehr in ihrem Lügengebilde verwickelt und so wird ihr Versuch zur Ehrlichkeit falsch gewertet. Gudrun „versteh[t]" (Z. 33) sie – der eigenen Meinung nach. Diese Blindheit gegenüber der Wahrheit scheint jedoch auch nur gespielt zu sein und so wird ihr Angebot an Ka – „Ich drück dich" (Z. 36) – durch die Emphase „ehrlich" (Z. 37) als Schaustück enttarnt.

Nachdem man einmal hinter diese perfekte Welt aus Lügen geschaut hat, fällt eben diese nun in sich zusammen. „Mattmann war nun doch [...] alt geworden" (Z. 38) und seine Krankheit – „Leberkrebs" (Z. 40) – wird durch die Personifikation „das Kinn fiel zittrig vom Gesicht" (Z. 40) nur noch verstärkt. Der „Unsterblich[e]" (Z. 13) wird sterblich. Und letztendlich tritt auch Gudrun aus ihrer Rolle heraus und gibt zu, dass „ihr Geliebter" (Z. 41) ein „Trottel" (Z. 42) sei.

Mit dem „Abendläuten" (Z. 43) ist das Gespräch beendet. Durch die Aussage „der Himmel wurde blau, der Garten schattig" (Z. 43) wird der erneute Wandel Kas versinnbildlicht. Nachdem sie wieder alleine ist, wird ihre Welt wieder einsam und „schattig" (Z. 43). Ein letztes Mal lügt sie sich selbst etwas vor, indem sie ihre vorhergehenden Handlungen rechtfertigt: „Ich habe nicht gelogen [...] ich habe noch einmal gespielt." (Z. 45 f.) Die ganze Begegnung wird somit als nicht unwahr dargestellt, eben als Kas „letzte[n] Auftritt" (Überschrift). Sie ist wieder die Alte, gebeugt vom Leben, wie sie „leise" (Z. 46) spricht und aus dem Garten schleicht (vgl. Z. 48). Doch ein gewisser Fortschritt ist erkennbar, da sie nun zu wahren Gefühlen fähig zu sein scheint. Sie schickt Mattmann „einen Kuß zu" (Z. 49), obwohl er ihn nicht sehen kann, da er schläft. Für diese grundehrliche Handlung, für ihren ganzen Auftritt wird sie durch den „Applaus" (Z. 50) der „Platanen" (Z. 50), die „raschel[n] und rausch[en]" (Z. 50) offensichtlich belohnt.

4.3 Schluss (10 Minuten, ½–1 Seite)

– Bezug zur Einleitung/zur Geschichte herstellen
– Allgemeingültigkeit der Aussage des Stücks/der Textstelle/des Werkes betonen
– Abschließende Bewertung in Blick auf die Aktualität des Stücks/Werkes
– Schluss (Achtung: Tendenz zu Allgemeinplätzen/Floskeln!)

BEISPIEL

Beispiel einer Schüler-Lösung (visualisiert):

Die Kurzgeschichte „Der letzte Auftritt" von Thomas Hürlimann ist auch heute noch immer aktuell, denn auch heute gibt es Menschen, die mit ihrer wirklichen Situation nicht klar kommen. Sie bauen sich einfach eine zweite Welt auf, in der sie leben, um so die erste, schreckliche Welt verkraften zu können. Der Autor möchte den Leser zum Nachdenken anregen. Man darf auf keinen Fall die Wirklichkeit, in der man lebt, verdrehen, man muss das, was geschieht, akzeptieren und lernen damit fertig zu werden. Es ist einfacher zu lügen als sich der Wirklichkeit zu stellen. Die Kunst besteht darin, sich mit der Situation, in der man sich befindet, abzufinden und eine Lösung zu suchen, um es für einen selbst erträglicher zu gestalten. Doch wenn man Ignoranz walten lässt und alles verdrängen will, dann wird man irgendwann selbst von den Tatsachen eingeholt und man kommt nicht mehr mit allem klar. Wie man in der Geschichte gesehen hat, gehen alle Menschen mit ihren Problemen anders um, einige reden über sie und andere verschweigen diese. Ebenso wird klar, dass jeder Mensch sein eigenes Bündel zu tragen hat und somit ist es keine Schande, wenn man offen über alles redet, denn Reden hilft immer! Die Sturheit, mit welcher Kathi in der Geschichte vorgeht, und die Tatsache, dass sie sich in ihrem Tun auch noch durch die ehemaligen Kollegen bestärkt fühlt, sollten für den Leser keinen Anreiz zur Nachahmung bieten, denn irgendwann kommt auch Kas Fassade zum Wackeln und bricht ein.

5. Durchlesen (10 Minuten)

– Die ganze Arbeit zwei- bis dreimal genau durchlesen, besonders auf die eigenen Fehlerquellen (Kommasetzung, Rechtschreibung, Präsens bei der Inhaltsangabe usw.) achten!
– Die äußere Form beachten: Steht überall mein Name auf den Blättern (oben Mitte)? Sind alle Blätter nummeriert (oben rechts)? Habe ich ein korrektes Deckblatt? Habe ich das Aufgabenblatt als letztes Blatt beigelegt?

3.3 Prosa-Probleme

Zu 1. Einleitung:

Bestimmte Wendungen müssen vermieden werden, wie beispielsweise:
– *In der Kurzgeschichte geht es / dreht sich um…*
– *Die Kurzgeschichte handelt von…*

> **BEISPIEL**

Besser so fomulieren:

- *Die Kurzgeschichte kreist um die Thematik... / In der Kurzgeschichte wird die Thematik...aufgegriffen.*
- *Die Kurzgeschichte stellt die Thematik...in den Mittelpunkt.*
- *Die Kurzgeschichte stellt den Aspekt ... in den Vordergrund / hebt den Aspekt ... hervor.*

Zu 2. Inhaltsangabe:

- Der Inhalt muss verständlich wiedergegeben werden und das Wiedergegebene muss auch stimmen.
- (Fast immer) Präsens verwenden: Auf keinen Fall Präteritum!
- Kurze und prägnante Sätze
- Flexible Wortwahl
- Gut lesbare Sprache

Zu 3. Interpretation:

- **3.1 Äußere Form:** Falls es der Text ermöglicht, sollte man auch immer die äußere Form mit in die Interpretation einfließen lassen. An der Interpretation zum Aufbau bei Thomas Hürlimann kann man dies gut erkennen.

> **BEISPIEL**

Beispielinterpretation:

Betrachtet man zunächst einmal die äußere Form der Kurzgeschichte, dann fällt auf, dass Hürlimann sehr viele Absätze benutzt. Dennoch lässt sich hier ein logisches System erkennen, da dieses mit dem Handlungsverlauf der Kurzgeschichte übereinstimmt.

Zu Beginn werden keine Absätze gewählt, da dort auch das Geschehen relativ unbedeutend ist. Ka macht sich lediglich auf den Weg zu ihren Freunden und der Leser erfährt, dass ihre „Existenz gescheitert [ist]" (Z. 2) und auch ihre „Träume zerbrochen" (Z. 2) sind. Sie ist vollkommen alleine und hat außer ihrem „Schminkkoffer (...) nichts mehr" (Z. 2 f.).

Im weiteren Verlauf des Geschehens nehmen mit zunehmender Wichtigkeit auch die Absätze zu. Kathi baut sich ihre eigene neue Welt aus Lügen auf, um somit ihre wirkliche Lage nicht preisgeben zu müssen.

Gegen Ende ist die Spannung und Intensität des Gesprächs erloschen, was auch der nahezu fortlaufende Text ohne Absätze zeigt.

- **3.2 Zitieren**

Variante 1: Die Stilfiguren im Text erkennen, anschließend diese durch ein Zitat belegen und dann alles interpretieren.

> **BEISPIEL**

Beispiel 1: *Mit der Ellipse „Und heute?"(Z. 5), die sogleich auch eine Frage darstellt, wird auf die Veränderung in Kas Leben hingewiesen, nichts ist mehr so, wie es früher einmal war, denn auch an der Schauspielerin sind die Zeichen der Zeit nicht spurlos vorübergegangen.*

Variante 2: Man stellt eine Behauptung auf, belegt diese anschließend mit einem Zitat.

BEISPIEL

Beispiel 2: *Aufgrund dieser direkten Zeitbestimmung wird dem Leser vermittelt, dass Ka ununterbrochen in der Welt herumreist und kaum noch Zeit zum Erholen findet, jeden Tag ist sie in einer anderen Stadt, um ihre Aufträge zu erledigen. „Gestern habe sie in Wien verhandelt [...]"(Z. 19 f.)*

Variante 3: Zirkelargumentation: Man erkennt eine Stilfigur, interpretiert diese und belegt sie durch ein Zitat und anschließend greift man ein Wort aus diesem Zitat/Satz erneut auf und interpretiert es nochmals.

BEISPIEL

Beispiel 3: *Durch die Hyperbel „zum Sterben müde" (Z. 3) wird beschrieben, dass sie schon seit längerer Zeit ihre Karriere aufgegeben hat und diesen Zustand der Langeweile satt hat. Sie erträgt die Tatsache nicht, nun alles verloren zu haben. Darauf deutet auch das Verb „müde" (Z. 3) nochmals genauer hin, das in dieser Zeile sogar gleich zweimal eingesetzt wird. Die ganze Anstrengung, die es gekostet haben muss, ihre Karriere als Schauspielerin aufrecht zu erhalten, war vergeudete Zeit. Anstrengung, die sie nur ge-schwächt hat.*

Fazit:
- Beim Zitieren sollte man sich immer fragen, **warum** der Autor gerade auf diese Art und Weise vorgegangen ist: Warum der Satz gerade so und nicht anders konstruiert und formuliert wurde. Gleiches gilt natürlich für Wörter. Die präzise Antwort auf diese „Warum-Frage" ist die angemessene Interpretation!
- Nicht erlaubt ist: Ein einzelnes Wort (z.B. „still") aus der Kurzgeschichte heraus-zugreifen und mit Zitatverweis zu interpretieren. Es muss immer zuerst der Satz (meist verkürzt) genannt, also das Wort in den Kontext gestellt werden, erst dann kann man auf die Einzelteile eingehen. Ebenfalls falsch: *In Zeile 2 steht, dass...* Auch unangemessen: Die angebliche Interpretation des Zitates umfasst inhaltlich das, was zitiert wird. Beispiel: *„...sie geht schnell" (Z. 5). Dies sagt aus, dass sie schnell geht.* Es handelt sich hierbei um eine schlichte Inhaltsangabe, garniert mit Zitaten. Es wird nicht interpretiert, sondern nur der Inhalt wiederholt, was Schüler gerne als Interpretation „verkaufen".
- **Zitierregeln** unbedingt wiederholen!

Zu 4. Schluss:

BEISPIEL

- Interpretation der meisten Schüler: *Ka hat falsch gehandelt, da sie ihre Freunde belog, um die wahre Situation zu verschleiern. Sie verleugnet ihre wirklichen Probleme und baut sich eine Welt aus Lügen auf, die sie am Ende noch für gut heißt. **Fazit:** Wer lügt, versteckt sich vor der Realität, kann ihr also nicht ins Auge sehen. Man baut sich eine völlig neue Welt auf, in der man sich richtig entfalten kann, da es in der jetzigen nicht möglich ist. (Lügen = Zeichen von Schwäche)*

- Anderer Interpretationsansatz = komplett anderer Schluss: *Es ist die heutige Medien-welt, die Ka zu ihrem letzten Auftritt verführt, eine Welt, die Ka als Schauspielerin verin-nerlicht hat, die aber gleichzeitig in ihrer Außenwelt ihr entgegen tritt. Der Schauspieler spielt nicht das, was er ist, die Medienwelt repräsentiert oft nicht das, was sie scheint, Wahrheit und Lüge vermischen sich zu einer neuen Realität. In diese Mischung driftet Ka „[o]hne Absicht, einfach so" (Z. 17) ab, dies war Teil ihres früheren Berufs, es ist nun Teil ihrer tiefen Sehnsucht, die zum überzeugenden „letzten Auftritt" (Überschrift) wird. Hier stellt sich weniger die Frage nach der Schuld, der Lüge, der Unwahrheit als mehr der Umgang mit einem erlebten Scheitern. Ka wählt eine Form, die niemandem schadet, ihr jedoch nicht nur die Würde vor den ehemaligen Kollegen schenkt, sondern zusätzlich ihr ermöglicht, ihre Situation anzunehmen, mit der gescheiterten Karriere abzuschließen und sich innerlich für einen Neuanfang, ohne ständige Blicke zurück, bereit zu machen. Unter diesem Aspekt wird der Leser nicht „den ersten Stein werfen", sondern mit einem gewissen Verständnis, einem Stück Menschlichkeit und vielleicht gar mit einem kriti-schen Blick auf sich selbst diese Kurzgeschichte lesen und interpretieren.*

WARNUNG

Was man beim Schluss auf gar keinen Fall verwenden sollte, sind folgende Formu-lierungen/Floskeln, die als sogenannte „Mittelstufen-Sätze" bekannt sind:
- *Die Stelle/Die Kurzgeschichte regt zum Nachdenken an.*
- *Die Kurzgeschichte ist gut geschrieben. Der Autor hat es gut gemacht. Die Kurz-geschichte wurde gut ausgewählt.*
- *Die Kurzgeschichte ist auch heute noch aktuell, denn auch heute noch gibt es ...*
- *Die Kurzgeschichte ist leicht verständlich geschrieben.* (Möglicher Lehrer-Kom-mentar unter der Arbeit: „Nur du hast sie nicht verstanden!")

4. Essay (Aufgabe IV)

Dir wird jetzt sofort auffallen, dass ich dir zum Essay keine Hilfestellungen geben werde. Die Gründe sind relativ einfach ...

– Der Essay entzieht sich fast jedem Üben – per definitionem! In seiner sprachlichen Spontaneität, stilistischen Gewandtheit, seinem kreativen Spiel mit der deutschen Literatur liegt die Aufgabe für den Schüler, die fast jeden überfordert. Und damit zum zweiten Punkt meiner Warnung:
– Der Essay ist in meinen Augen „russisch Roulette", volles Risiko für einen tödlichen Notenschuss!

Bei einer Lehrerfortbildung zur Benotung eines „Essays" reichte die gegebene Punktzahl von 4 Notenpunkten bis 12 – beim gleichen Essay. Eine Extremposition vertrat ein Kollege mit der Ansicht, Rechtschreibung und Kommasetzung könnten bei einem Essay keine Rolle spielen, da allein diese Vorgaben den Schüler in seiner Kreativität zu sehr einschränkten. Bei so viel Uneinigkeit innerhalb der Deutsch-Lehrerschaft kann ich keinem Schüler raten, den Essay zu nehmen!

Aus mir nicht ganz nachvollziehbaren Gründen ignorierten zwei schwächere Schüler meine Warnung mit dem Ergebnis, dass bei einem Punkt (!) weniger im Deutsch-Abitur beide (!) durchgefallen wären – der eine zum zweiten Mal!

Teilweise wird der Essay von Schülern gewählt, die keinen Bock auf Pflichtlektüre haben (der Deutschlehrer wohl auch nicht so recht), sie also nur begrenzt bis gar nicht lesen. Auch die anderen Aufsatzarten überfordern diese Schüler in ihrer Sprach- und Interpretationskompetenz, also bleibt der Essay: Den packt doch jeder, da muss man vorher auch nichts lernen, sondern kann einfach losschreiben! Und im Abitur sind es die Schüler, die nach zwei Stunden sich der ersten Abgabemöglichkeit entgegen langweilen, und das über mehrere Stunden! Das ist jetzt alles sehr schablonenhaft skizziert, aber ich bin sicherlich nicht der einzige Deutschlehrer, der es so sieht!

Der Essay setzt extrem viel Sprachgewandtheit, hohe Literaturkenntnis und große Kreativität voraus, die auf Abi-Knopfdruck als Geistesquell aus dem Prüfling sprudeln muss. Meist sprudelt nichts, schon gar keine sprachlichen Geistesblitze, sondern eine dröge, langweilige freie Erörterung über viele Seiten ohne jede Inspiration. Eine freie Erörterung ist die falsche Aufsatzart. Also, wenn du mir folgst: Nie und nimmer einen Essay auswählen. Ich benote einen komplett verfehlten Essay stets mit 0 Notenpunkten. Noch mehr Warnung gefällig?

5. Textanalyse und Texterörterung (Aufgabe V)

Beim Deutsch-Abitur in Baden-Württemberg wird **entweder** eine Textanalyse **oder** eine Texterörterung gestellt![13] Du musst demnach auf jeden Fall beide Aufsatzformen beherrschen, besonders im Blick auf Stilfiguren, Wortarten, Zeiten und Konjunktivbildung! Hier noch eine Neuerung für das Abitur seit 2015: Bei Teilaufgaben wird die prozentuale Gewichtung unter die Aufgabenstellung geschrieben. Diese Gewichtung unbedingt beachten und Zeit-Engagement/Seitenzahl danach strategisch ausrichten!

A Textanalyse

Ich gehe jetzt für dich so vor, dass du ständig beide Aufsatzarten im Vergleich vor Augen hast. Aus meiner Sicht ist die **Textanalyse** die einfachste Aufsatzart des Deutsch-Abiturs. Sie setzt zwei Dinge voraus:

– Absolutes Beherrschen der Stilfiguren, aber auch: Wortarten, Zeiten und Konjunktivbildung

– Fähigkeit, unbekannte, anspruchsvolle Texte zu verstehen und die gelernten Stilfiguren in ihrer Bedeutung an dem Text zu zeigen. Alles andere ist eher leicht zu lösen! Vermutlich verstehst du zunächst nur „Bahnhof". Nicht schlimm! Sowohl bei der Textanalyse als auch bei der Texterörterung werde ich dir Schritt für Schritt in diesem Kapitel alles erläutern. Spätestens dann ist dir das Anforderungsprofil klar!

Lerne das nachfolgend differenzierte Anforderungsprofil für die Textanalyse auswendig, und zwar für beide Aufsatzarten und bewusst im Vergleich, das hilft dir ungemein!

1. Anforderungsprofil für die Textanalyse

Legende für Tabelle:
blau = Analyse   rot = Erörterung   grün = Gemeinsamkeiten
Zeit-Vorschlag für Klassenarbeit (4 Schulstunden; 200 Minuten mit den Schulpausen)

Schwerpunkt: Textanalyse	Schwerpunkt: Texterörterung
Verstehen und Bearbeiten des Textes: 40–60 Minuten	Siehe Textanalyse
Einleitung: 1–2 hinführende Sätze: Verfasser, Titel, Textsorte (Rede, Glosse), Quelle, Datum, Thematik/Problemkern	**Einleitung:** Siehe Textanalyse Aber: Textsorte meist Kommentar!
insgesamt: ½–1 Seite, 10 Minuten	
(2 Zeilen frei)	

---

14 Der Schwerpunkt steht auf dem Abitur- oder Klausurblatt oben rechts: „Schwerpunkt: ..."

Schwerpunkt: Textanalyse	Schwerpunkt: Texterörterung
1. Aufgabe:	**1. Aufgabe: Siehe Textanalyse**
• **Strukturierte Textwiedergabe:** einleitender Satz, Argumentationsstruktur + Inhalt, keine Stilfiguren • **Argumentationsstruktur:** verweist, überträgt seine These, stellt fest, bekräftigt, erläutert, kontrastiert, fordert. Gesamttext im Auge haben, alles wie von oben betrachten	
insgesamt: 1–2 Seiten, 20 Minuten (1 Zeile frei)	
2. Aufgabe: **2.1 Argumentationsstrategie:** Art und Weise, **wie** Autor seine Thesen darstellt (z.B. Übertreibung, reine Behauptung, Verallgemeinerung, Unterstellung, Schulzuweisung / Entlastung) (anschließend neue Zeile beginnen)	**Aufgabe:** **2.1 kritische Stellungnahme zur Meinung des Autors:** • 3–4 Argumente, mit denen man nicht übereinstimmt, bei denen man gute Gegenargumente oder kritische Anfragen hat. • Auch 1–2 Argumente, denen man voll zustimmt, für die man aber weitere Argumente hat. (anschließend neue Zeile beginnen)
2.2 Sprachliche Mittel (Stilfiguren) nimmt hier größeren Raum ein, meist liegen auch deutlich mehr Stilmittel vor	**2.2 Sprachliche Mittel (Stilfiguren)**
insgesamt: 3–4 Seiten, 60–70 Minuten (1 Zeile frei)	insgesamt: 2–3 Seiten, 50 Minuten (1 Zeile frei)
3. Aufgabe: • **Kritische Stellungnahme zur Meinung des Autors:** 4–5 Argumente, mit denen man nicht übereinstimmt, bei denen man gute Gegenargumente oder kritische Anfragen hat. • Auch 1–2 Argumente, denen man voll zustimmt, für die man aber weitere Argumente hat. • **Nimmt größeren Raum ein als bei 2.1 der Texterörterung!**	**3. Aufgabe:** **Erörtern zentraler Problemstellungen, auch über den Text hinaus.** Sehr viel Zeit einplanen! Mindmap erstellen! Deutlich über Text hinaus, sonst Wiederholung von 2.1
insgesamt: 2–3 Seiten, 20 Minuten (2 Zeilen frei)	insgesamt: 3–5 Seiten, 40 Minuten (2 Zeilen frei)

Schwerpunkt: Textanalyse	Schwerpunkt: Texterörterung
Schluss: sich bei Arbeit nebenher überlegen	**Schluss:** sich bei Arbeit nebenher überlegen
• Eigenposition • Gegenwarts- und Zukunftsaspekte	• Ähnlich wie Synthese bei einer dialektischen Erörterung
insgesamt: ½–1 Seite, 10 Minuten	insgesamt: ½–1 Seite, 10 Minuten
Durchlesen: 10–15 Minuten	**Durchlesen:** 10–15 Minuten
Puffer: 20–30 Minuten	Puffer: 20–30 Minuten

Die Textanalyse ist, wie bereits erwähnt, vermutlich die am leichtesten zu erlernende Aufsatzart, umgekehrt ist ein großer Sprachzauber nur begrenzt möglich. Seit 2005 gibt es im Abitur in Baden-Württemberg immer eine **Kombination zwischen Texterörterung und Textanalyse**.

Vorbereitung der Textanalyse

1. Aufgabenstellung durchlesen (Zeit: 5 Minuten)

– Frage im Abitur ab 2005: Steht eine Texterörterung im Zentrum oder eine Textanalyse? (Siehe rechts oben im Kasten bei den Abi-Aufgaben in BW)
– Aufgabenstellung durcharbeiten: Aufgaben farblich markieren, in eigenen Worten die Aufgabenstellung schriftlich formulieren, diese Formulierung erneut sorgfältig mit der Aufgabenstellung vergleichen. Die selbst formulierte Aufgabenstellung vor sich hinlegen und während der Klassenarbeit/des Abiturs immer wieder überprüfen.
– Dritte und letzte Aufgabe durchlesen und genau analysieren, sie unterscheidet sich im Abitur ab 2005 von der traditionellen Form bis 2005! Sich aber zunächst auf die erste und die zweite Aufgabe konzentrieren! Bei der traditionellen Textanalyse meist Frage nach Wirkung in der dritten Aufgabe.

Textstellen durcharbeiten (Zeit: 40 Minuten)

Alle Auffälligkeiten, besonders in Blick auf Stilmittel, sich sofort (!) am Rand notieren, auch wenn sie nicht direkt zur Aufgabenstellung passen, ausgewählt wird später! Vorschlag einer Systematik:

– Blau: Inhalt/linker Rand. Nur Stichworte: Was will der Autor sagen?
– Grün: Argumentationsstruktur (beim Inhalt unterbringen/links)
– Rot: Stilfiguren/rechter Rand. Einzelne Worte aus dem Text rhetorisch benennen: Mit welchen Mitteln will der Autor es sagen? Welche Funktion haben diese Stilfiguren, um den Inhalt rüberzubringen?

Untersuchungsansätze:

– Wie ist der Text gegliedert? Besteht eine Parallelität zwischen Anfang und Ende? Wird am Anfang begonnen, was am Ende beendet wird?
– Wann sind die Sätze kurz, wann lang (Parataxe/Hypotaxe)? Gibt es dabei eine Interpretationslogik? (Zielgruppe?)
– Sprachanalyse an einzelnen Worten/Sätzen betreiben und sofort den Hintergrund des Wortkontextes beleuchten (Konnotationen beachten: Welchen Beiklang/Mitklang hat das Wort, bes. in Blick auf Hörer/Leser)
– Kommt ein wichtiges Wort mehrfach vor → farbig markieren. Ist dieses ein Schlüsselwort? Warum wird es mehrfach genannt? Was will der Schreiber bei den Lesern erreichen?
– Beginnen Sätze immer gleich (Anapher)?
– Werden besondere Bilder gewählt (Metapher), die möglicherweise sich symbolisch deuten lassen? Besonders Bilder mit genauerer Begrifflichkeit untersuchen, besonders bei einer Glosse. Welche unterschiedlichen Dinge werden miteinander verbunden [der Gedanke tröpfelt aus dem Kopf]?

2. Zeit- und Seitenüberblick fürs Abitur (330 Minuten) [15]

Textanalyse: Abitur 330 Minuten	Minu-ten	Seiten-anzahl
Vorbereitung der Textanalyse (Durchlesen und Durcharbeiten)	80	
1. Einleitung: 1–2 einführende Sätze + festgelegte Formen (2 Zeilen frei)	15	½–1
2. Erste Aufgabe: Strukturierte Inhaltsangabe (1 Zeile frei)	40	1–2
3. Zweite Aufgabe: Argumentationsstrategie + Stilmittel (1 Zeile frei)	90	4–5
4. Dritte Aufgabe: argumentative Position zum Text (2 Zeilen frei)	50	3–4
5. Schluss: abrundende Eigenposition, oft verbunden mit Gegenwarts- oder Zukunftsaspekt	20	1–2
6. Durchlesen! (Puffer!)	30–40	

---

15 Die Zeitvorschläge sind – wie bereits bekannt – auch hier sehr variabel zu handhaben, sodass eigene Zeitschwerpunkte locker möglich sind.

Unbedingt einen kurzen Zeitplan für die einzelnen Aufgaben plus Schluss mit den ungefähren Uhrzeiten erstellen! Dabei rund 30–40 Minuten als Zielvorgabe vor der Abgabe fertig sein. Das sorgfältige Durchlesen braucht ungefähr 20 Minuten, hohe Fehlerzahl kann bis zu drei Notenpunkte kosten! Und dann sollte man immer einen Puffer haben, falls etwas schiefläuft!

3. Schriftlicher Teil (KA 200 Minuten mit den Schulpausen)

ÜBUNG

Aufgabenstellung:
Texterörterung/Textanalyse – **Schwerpunkt: Textanalyse**
„Arbeiten wie ein Kaiser – Was Väter von den Pinguinen lernen können"
(Thomas Gesterkamp)
Aufgabe:
– Fassen Sie die Aussagen des Textes zusammen. (Erste Aufgabe)
– Erläutern Sie die Argumentationsstrategie des Autors, und untersuchen Sie in diesem Zusammenhang den Einsatz sprachlicher Mittel. (Zweite Aufgabe)
– Nehmen Sie kritisch Stellung zu der im Text dargestellten Problematik (Dritte Aufgabe)

http://www.
bange-
verlag.de/
uploads/Abi_
Trainer_BW/
gesterkamp.
pdf

Thomas Gesterkamp
Arbeiten wie ein Kaiser – Was Väter von den Pinguinen lernen können

Moderne Väter gehen in die Babypause! Nur schade, wie wenige Väter „modern" sein wollen. Die Versuche, sie durch Kampagnen und Appelle sozusagen in die Elternzeit hineinzu-
5 bitten, sind gescheitert. Woran das liegt? Männer brüten nicht!
Kennen Sie die Arbeitsteilung der Geschlechter bei den Kaiserpinguinen? Wenn Nachwuchs in Sicht ist? Bei dieser Spezies wird
10 echte Männersolidarität praktiziert, da wird wie ein Kaiser gebrütet! Bei Temperaturen von minus 40 Grad stehen die Pinguinmännchen dicht gedrängt beieinander und wärmen sich gegenseitig. Sieben Wochen lang hüten die
15 Väter in stoischer Ruhe das Ei, für weitere vierzehn Tage tragen sie das geschlüpfte Jungtier in einer Bauchfalte. Erst dann fühlen sich die Pinguinmütter für den Nachwuchs zuständig: Schichtwechsel in der Antarktis!

20 Versetzen wir uns vom ewigen Eis in die behagliche Wärme eines deutschen Betriebes. Dort sieht die Solidarität so aus: Ein Kollege fällt auf, weil er sich traut, ein gesetzlich garantiertes Angebot wahrzunehmen: Er fehlt,
25 weil sein Kind krank ist! Über Weicheier und Warmduscher wird gespöttelt, früher hätte man es drastisch formuliert: „Der hat wohl keine Alte zu Haus".
Dass der elterliche Schichtwechsel beim Men-
30 schen weniger gut klappt als bei den Pinguinen, liegt in der Natur der Sache. Menschenväter können weder brüten noch stillen, und es macht wenig Sinn, dem biologischen Vorsprung der Menschenmütter hinterherzu-
35 rennen. Nur fünf Prozent Männer in der Babypause sind gar nicht das Schlimmste! Viel schlimmer ist, dass der tägliche Schichtwechsel nach dem „Brüten" nicht funktioniert.

Kinder großzuziehen, das dauert beim Menschen nämlich ein bisschen länger als bei den Kaiserpinguinen: an die zwanzig Jahre, oder noch mehr. Und die Krankheit, die sich dabei entwickelt, heißt „Vereinbarkeitsproblematik". Karrieren werden schließlich nach 17 Uhr entschieden, und wer genau dann endlich gehen will, der muss einfach ein schräger Vogel sein. Oder ein Pinguin? Sei der erste am Morgen und der letzte am Abend! „Lunch is for losers", behauptete einst Michael Douglas in dem Film „Wall Street": Nur Verlierer machen Mittagspause! Und weil alle zu den Gewinnern gehören wollen, gibt es ein Spiel in deutschen Betrieben: Wie simuliere ich Anwesenheit? Ein Manager weist die Putzfrauen an, in seinem Büro die ganze Nacht das Licht brennen zu lassen: Herr Wichtig steht immer zur Verfügung! Oder der Trick mit dem zweiten Jackett: Die Bürotür leicht angelehnt, über dem Stuhl hängt es, das Ersatzteil, wie eben schnell abgelegt – während der Besitzer längst verschwunden ist.

Die Anekdoten über den männlichen Unentbehrlichkeitswahn sind lustig – und traurig zugleich. Eigentlich müsste es selbstverständlich sein, im Betrieb früher zu verschwinden, wenn um drei Uhr der Kindergeburtstag anfängt. Es gibt ihn ja durchaus, den stolzen Vater mit Vollzeitjob, der im Rahmen seiner Möglichkeiten zwischen Kinder- und Arbeitswelt balanciert. Er macht keine Überstunden und ist um sechs zu Haus. Als Feierabendanimateur tobt er die Kleinen bettreif. Er verdient den größten Teil des Familieneinkommens – was übrigens viel zu selten gewürdigt wird – und zwischen Abendessen und Tagesschau tollt er sogar auf dem Teppich herum. Mann kann also durchaus bodenständig sein: Er bleibt auf dem Teppich, interessiert sich immerhin eine halbe Stunde lang für „die Hälfte der Erde"! Die Frauenbewegung forderte ja einst „Die Hälfte des Himmels". In den oberen Etagen, da wo Bankbosse und Intendanten Hof halten, muss die Luft einfach besser sein. Am Boden warten übelriechende, sich wiederholende Tätigkeiten wie Putzen, Aufräumen oder Waschen – Dinge, deren gesellschaftliche Anerkennung gegen Null geht.

Aber die Kinder, die machen Spaß! Papa zeigt sich gerne mit ihnen, sogar vormittags, wenn er sich zwischen Hausfrauen, Arbeitslosen und Rentnern etwas deplatziert vorkommt. Die Oma, die den schreienden Säugling mit „Dir fehlt wohl die Mama" kommentiert, steckt er locker weg. Trotzdem, es ist nicht das reine Vergnügen! Zum dritten Mal die vollgeschissene Hose wechseln, und der Wickeltisch steht in der Damentoilette! Auf die Stühle im Kindergarten passen keine Zwei-Meter-Menschen, und wenn Frauen sich auf der Spielplatzbank über Rückbildungsgymnastik austauschen, hat Mann auch nichts beizutragen.

Mütter stellen sich seltsame Fragen. Zum Beispiel „Sind Sie berufstätig?" Stellen Sie sich das mal unter Männern vor! „Wissen Sie, im Moment will ich noch nicht wieder berufstätig sein, der Kleine ist noch so auf mich fixiert, ich bleibe vorläufig zu Hause." Was ist denn das für ein seltsamer Typ? Männer haben einen anständigen Job, oder sie sind arbeitslos – dazwischen gibt es nichts, basta!

Von den geschlechterdemokratischen Verhältnissen der Antarktis sind wir also weit entfernt. Brüten wie ein Kaiser? Das werden die Menschenväter von den Pinguinvätern wohl niemals lernen. Aber wie wäre es mit etwas mehr Mut, am Arbeitsplatz eigene private Interessen einzufordern? Das wäre doch eine schöne Utopie: Arbeiten wie ein Kaiser!

Aus: Thomas Gesterkamp: Die neuen Väter zwischen Kind und Karriere. Leverkusen: Budrich, 2010

3.1 Einleitung (10 Minuten; ½–1 Seite)

- zum Thema/Problem hinführen (nur 1–2 Sätze!)
- Verfasser, Titel, Art des Textes
- Quelle, Datum, Anlass des Textes
- Thematik/Problemkern

BEISPIEL

Beispiel einer Schüler-Lösung (visualisiert):

Heutzutage gibt es immer mehr Familienförderung, darunter Elternzeit und Babypause. Die Elternzeit, die durch weniger Arbeitszeit und Kündigungsschutz innerhalb der ersten drei Lebensjahre des Kindes gekennzeichnet ist, wird allerdings nur von einem sehr geringen prozentualen Anteil der deutschen Männer in Anspruch genommen – basierend auf Vergleichswerten aus skandinavischen Ländern, wo über die Hälfte der Männer das Angebot wahrnehmen. Eben dieses mangelnde Engagement deutscher Väter in der Erziehung und dessen Gründe hat sich Thomas Gesterkamp in seiner Glosse „Arbeiten wie ein Kaiser – Was Väter von den Pinguinen lernen können", die unter der Internethomepage „vaeter. de" unter der Rubrik „Glosse" am 08.03.2007 veröffentlicht wurde, zum Anlass für seinen Gedankengang genommen. Der Verfasser bezieht Partei für mehr Mut am Arbeitsplatz zugunsten familiärer Interessen im Sinne der Kindeserziehung.

3.2 Erste Aufgabe (20 Minuten; 1–2 Seiten)

Grundsätzlich gilt: Die Aufgaben der Reihe nach (!) lösen, niemals zwei Aufgaben vermischen, nach jeder Aufgabe, die mit einem abrundenden Satz endet, eine Zeile frei lassen! Für ein Konzept besteht keine Zeit, die Schüler müssen sprachlich so trainiert sein, dass sie ohne Probleme die Aufgabe lösen können, fast nichts durchstreichen müssen und auf irgendwelche irritierenden Nachträge verzichten. Dieses Training wurde durch die regelmäßig angefertigte Hausaufgabe erworben!

ÜBUNG

Aufgabenstellung A: „Fassen Sie die Aussagen des Textes zusammen." (= strukturierte Textwiedergabe)

Das bedeutet, den Inhalt anhand der Argumentationsweise wiedergeben. Wichtig: Keine rhetorischen Figuren vorwegnehmen, sondern den gesamten Text überblicken und daran die Argumentationsweise aufzeigen.

Mögliche Fehlerquelle: fehlender Konjunktiv. Deshalb die strukturierte Textwiedergabe auf Konjunktivfehler überprüfen:

FORMEL

Faustregel Konjunktiv: 3. Pers. **Singular**: **Konjunktiv I**
                             3. Pers. **Plural**: **Konjunktiv II**

Hinweis: Bei „dass"-Sätzen wird neuerdings der Indikativ (Wirklichkeitsform) akzeptiert! Am Beispiel: *Der Autor hebt hervor, dass die Zahlen weit überhöht sind* (nicht mehr: seien).

– Einleitender Satz
– Argumentationsstruktur
– Inhalt

BEISPIEL   **Beispiel einer Schüler-Lösung (visualisiert):**

Die Glosse „Arbeiten wie ein Kaiser – Was Väter von den Pinguinen lernen können" legt ihr Hauptaugenmerk auf das fehlende Engagement der Väter hinsichtlich der frühkindlichen Erziehung. Zu Beginn verweist Gesterkamp auf die Rituale der antarktischen Kaiserpinguine, verbunden mit deren Rollenverteilung, wenn es um die Fürsorge des Nachwuchses geht. Anschließend überträgt er seine These aus dem Tierreich auf menschliche Väter und stellt fest, dass der Unterschied zu männlichen Pinguinen zunächst einmal in den biologischen Voraussetzungen begründet liege, denn Menschenväter könnten ja „weder brüten noch stillen" (Z. 32). Frauen hätten an diesem Punkt vor den Männern einen Vorsprung. Zusätzlich gelte es in der Arbeitswelt und vor allem unter Kollegen als unmännlich, aufgrund privater Familieninteressen seinen Arbeitsplatz vorzeitig zu verlassen. In diesem Zusammenhang bekräftigt Gesterkamp obige These, indem er erläutert, dass ständige Anwesenheit am Arbeitsplatz eng verbunden sei mit steigender beruflicher Anerkennung. Der Verfasser kontrastiert im Folgenden diesen beruflich begründeten Respekt mit der fehlenden gesellschaftlichen Anerkennung, die den hausfrau- und mütterlichen Tätigkeiten entgegengebracht werde. Abschließend fordert Gesterkamp in der Arbeitswelt mehr Zugeständnisse im Hinblick auf den Stellenwert der frühkindlichen Erziehung.

3.3 Zweite Aufgabe (60–80 Minuten; 3–5 Seiten)

Hier stehen die herausgeschriebenen Stilfiguren im Zentrum. Wieder auf den Inhalt zurückgreifen, diesmal jedoch nicht die Argumentationsstruktur, sondern einzelne Stilmittel in ihrer Funktion als Überträger von Botschaften.

Grundsätzlich gilt: Kein Konzept machen! Die Aufgabenstellung präzise am konkreten Text erfüllen, dabei in Blick auf die Aufgabenstellung am Text entlang gehen. Die Vorarbeit wurde bereits durch Notizen, Unterstreichungen und Farben geleistet. Jetzt liegt ein klares Textverständnis vor, das die Integration verschiedener Zitate aus dem Text (Zeilenangaben!) ermöglicht. Grundsätzlich muss alles am Text belegt werden, auf Spekulationen außerhalb des Textes ist zu verzichten.

Sprachliche Gestaltung
– Metaphern/Symbole
– Schlüsselwörter
– Wortfelder
– Wortwiederholungen
– Wortarten: was dominiert? Adjektive, Superlative, Substantive? Lassen sich diese Wortarten zusammenfassen und ergibt dies eine gemeinsame Interpretationslinie?
– Sprachebene: Umgangssprache, Jugendsprache, Hochsprache
– Doppeldeutigkeiten
– Wortneuschöpfungen
– Satzbau: Parataxe/Hypotaxe, Parallelismen
– Auswendig gelernte Stilmittel systematisch benutzen. Der angemessene Gebrauch der Stilmittel ist Teil der Bewertungsskala vom Kultusministerium! Notenmäßig übel ist, wenn die Stilmittel falsch angewandt werden, dann lieber den Fachausdruck weglassen![16]

ÜBUNG

Aufgabenstellung: „Erläutern Sie die Argumentationsstrategie des Autors, und untersuchen Sie in diesem Zusammenhang den Einsatz sprachlicher Mittel."

– Einleitender Satz/Schluss-Satz
– **Argumentationsstrategie des Autors:** Überzeugt die Argumentationsweise? Darstellung der Art und Weise, wie der Autor seine Thesen untermauert. Nach Schwachpunkten innerhalb der Argumentation suchen, keine Stilmittel vorwegnehmen! Beispiele: Übertreibung, reine Behauptung (ohne stichhaltige Begründung), starke Polarisierung, Verallgemeinerung, Unterstellung, Autoritätsbelege durch Thesen/Zitate anderer Schuldzuweisung/Entlastung, verengende Sichtweise

BEISPIEL

Beispiel einer Schüler-Lösung (visualisiert):
Die Argumentation zielt darauf ab, den Vätern eine Balance zwischen Kind und Karriere näher zu bringen. Gesterkamp bedient sich einiger Argumentationsstrategien, um sein Ziel zu erreichen: Zunächst gelingt es ihm, seine Aussage, dass Arbeitnehmer viel Zeit

---

16 www.klausschenck.de/ks/download/h19stilfiguren.pdf

am Arbeitsplatz verbringen müssen, um die Karriereleiter nach oben klettern zu können, mit Hilfe eines Zitats von Michael Douglas zu bekräftigen. Dieser sprach in dem Film „Wall Street" eine Mittagspause nämlich nur den Verlierern zu. Gesterkamp differenziert sich von derartigen Männlichkeitsideologien und gewinnt dadurch in hohem Maße an Glaubwürdigkeit und Überzeugungskraft. Um seine Ansicht zu untermauern, unterstellt Gesterkamp den Arbeitnehmern einige Taktiken, die auf der Suche nach einem positiven Image und Prestige sehr hilfreich erscheinen. Diese Methoden hinterfragt er sehr skeptisch und weist ihnen einen vorwandhaften Charakter zu. Vor allem aber existiert für Gesterkamp die so genannte „Vereinbarkeitsproblematik" (Z.43), welche er als „Krankheit" (Z.42) negativ konnotiert, überhaupt gar nicht. Der Verfasser präzisiert seine ironisch und spöttisch klingende Kritik an den Vätern gegen Ende des Textes durch eine übertrieben wirkende Strategie. Er spricht von einer „halbe[n] Stunde" (Z.79), die sich die Väter wenigstens „zwischen Abendessen und Tagesschau" (Z.75 f.) für ihre Kinder Zeit nähmen. Zwar erreicht er damit, dass der Abschnitt sehr leserfreundlich und leicht übertragbar auf individuelle Gewohnheiten erscheint, doch die Zeitangabe von einer „halbe[n] Stunde" (Z.79) ist wohl maßlos übertrieben, denn diese Zeitspanne wird ja schon allein mit dem Abendessen gefüllt. Unumstritten bleibt aber, dass die Glosse sehr polarisierend wirkt. Gesterkamp fordert gerade dazu auf, Stellung zum Thema zu beziehen, was wiederum eine gute Textkenntnis und eigene Reflexionsarbeit voraussetzt. Von Polarisierung kann man hier sprechen, vor allem, wenn man sich die unterschiedlichen Leser, nämlich Mütter und Väter, vorstellt. Während die Mütter dem Verfasser wohl überwiegend zustimmen werden, sind die Väter mit den Schuldzuweisungen stark belastet. Des Weiteren bietet Gesterkamp genügend Raum für Polarisierungen, da er nach der Kritik an den Vätern einräumt – wenn auch mit leicht ironischem und spöttischem Beiklang –, dass es auch den „stolzen Vater mit Vollzeitjob" (Z.68) gebe. Abschließend lässt sich festhalten, dass Gesterkamps Argumentationsstrategie keine Zweifel daran lässt, dass er den Vätern ins Gewissen reden will und seine Auffassung strategisch geschickt in Szene setzt.

- Einleitender Satz/Schluss-Satz
- **Einsatz sprachlicher Mittel:** Stilmittel finden. Diese zur Interpretation nutzen, also erklären, in welcher Weise die Stilmittel der Aussage des Textes dienen. Häufiger Schwachpunkt der Schüler-Lösung: oft zu allgemein (vgl. auch Texterörterung S. 110)

BEISPIEL **Beispiel einer Schüler-Lösung (visualisiert):**
Die sprachlich-rhetorischen Mittel verschärfen zusätzlich die Tendenz des Textes. Schon zu Beginn benutzt der Verfasser einige provokante Ausrufe, die den Leser auf diese Art keineswegs sanft auf die Glosse einstimmen, sondern vielmehr gleich zu Beginn auf die Schuldzuweisungen den Vätern gegenüber anspielen. Hierzu zählt die einleitende These „Moderne Väter gehen in die Babypause!"(Z. 1). Des Weiteren ist die häufige Verwendung von Fragestellungen sehr auffallend. So will Gesterkamp vom Leser wissen, ob er die Arbeitsteilung der Geschlechter kenne, wenn Nachwuchs bei Pinguinen in Sicht sei. Durch die rhetorische Frage wird vermieden, dass der Leser mit den Gedanken abschweift, gleichzeitig wird er durch Fragen wie „woran das liegt?" (Z. 5) animiert, selbst Unterschiede zwischen den Pinguinen und Menschen zu finden, was den Nachwuchs betrifft. Gesterkamp

will den Leser für die Problematik sensibilisieren und die vorbildhafte Rollenverteilung der Pinguine betonen, welche der Rollenverteilung bei den Menschen kontrastierend gegenübergestellt wird. Im Gedächtnis bleibt aber vor allem der Schlussappell: „Aber wie wäre es mit etwas mehr Mut, am Arbeitsplatz eigene private Interessen einzufordern?" (Z. 116 ff.), welcher zugleich auch der Untermauerung der Forderung Gesterkamps dient. Der Verfasser vergleicht die „oberen Etagen" (Z. 82) mit dem „Boden" (Z. 84), wenn er von der unterschiedlichen Anerkennung der Aufgaben der „Bankbosse" (Z. 82 f.) und den gering geschätzten hausfrau- und mütterlichen Tätigkeiten spricht. Für solche als „übelriechende, sich wiederholende" (Z. 85) betrachtete Tätigkeiten nennt er die Akkumulation „Putzen, Aufräumen oder Waschen" (Z. 86) als Beispiel. Gesterkamps Argumentation wird zusätzlich durch Metaphern und bildhafte Übertragungen gestützt, wie beispielsweise, wenn er behauptet, in der Antarktis „wird wie ein Kaiser gebrütet" (Z. 9 f.). Das ist aber vor allem auch auf den durchgängigen Vergleich zurückzuführen, der die „Arbeitsteilung der Geschlechter" (Z. 7 f.) beim Menschen der bei den Pinguinen gegenüberstellt, „wenn Nachwuchs in Sicht ist" (Z. 8 f.). Ferner lässt auch die Überschrift darauf schließen, dass die Pinguine bei dem Vergleich besser abschneiden. Sie sollen als Orientierung, gar als Vorbildfunktion für die menschlichen Väter dienen, sodass diese „von den Pinguinen lernen können" (Z. 0). Gesterkamp richtet seinen Text direkt an den Leser und gestaltet ihn durch die Gliederung in einige Abschnitte sehr übersichtlich. Doch nicht nur die äußere Form erleichtert es dem Leser, die Struktur zu erfassen, sondern vielmehr auch die umgangssprachlichen Wendungen, auf die der Verfasser nicht verzichtet, wodurch die Glosse an Leserfreundlichkeit gewinnt. So dienen Formulierungen der Alltagssprache wie „Weicheier und Warmduscher" (Z. 25 f.) dazu, das männliche Selbstverständnis zu kritisieren und einen Realitätsbezug zu erzeugen, indem es für den einen oder anderen Leser einfacher wird, Geschriebenes auf das persönliche Leben zu übertragen. Um seine Auffassung an einem Beispiel aus dem Alltag zu konkretisieren, bedient sich Gesterkamp der wörtlichen Rede, indem er ein Frage-Antwort-Schema verwendet, um die auf den erste Blick vielleicht seltsame Situation zu schildern, wenn Väter nicht berufstätig sind, um sich der Erziehung ihres Kindes zu widmen: „Sind sie berufstätig? [....] Wissen Sie, im Moment will ich noch nicht wieder berufstätig sein, der Kleine ist noch so auf mich fixiert, ich bleibe vorläufig zu Hause." (Z. 104 ff.). Mit viel Sprachwitz lässt Gesterkamp die genannten sprachlichen Mittel in die Glosse mit einfließen, sodass eine harmonierende Einheit entsteht, die vor allem für den Leser leicht zugänglich erscheint.

3.4 Dritte Aufgabe

Bei einer traditionellen Textanalyse, meist Frage nach der Wirkung: sich die verschiedenen Gruppen der Hörer/Leser vorstellen. Wie wirkt es auf sie? Wie reagieren sie? Ändert es ihre Position? Fühlen sie sich bestätigt? Ärgern sie sich? usw.

ÜBUNG

Aufgabenstellung: „Nehmen Sie kritisch Stellung zu der im Text dargestellten Problematik."

- Einleitender Satz/Schluss-Satz
- Stellungnahme zur Meinung des Autors: 4–5 Argumente aus dem Text zusammenfassend benennen, z.T. mit Zitat oder Inhaltszusammenfassung, und dann kritisch
Position beziehen. Besonders Argumente herausgreifen, bei denen man eine Gegenposition bezieht!

BEISPIEL   **Beispiel einer Schüler-Lösung (visualisiert):**

*Trotz alledem weist die Argumentation textimmanent schon einige Schwächen auf. Der
Verfasser verabsolutiert Behauptungen, die bei genauerer Betrachtung nur auf spezielle
Situationen zutreffen. So bleibt zwar unumstritten, dass Menschenväter „weder brüten noch
stillen" (Z. 32) können, doch dies ist aber auch schon die einzige biologische Gegebenheit,
die Männer im Gegensatz zu Frauen hinsichtlich der Erziehung nicht vorweisen können.
Von einem „biologischen Vorsprung der Menschenmütter" (Z. 34) zu sprechen ist an dieser
Stelle eher unangebracht. Denn welcher Vater kann denn bitte nicht die Windeln wechseln,
Babynahrung zubereiten oder den Kinderwagen schieben?*

*Gesterkamp kommt in seiner Glosse auch auf die Reaktionen im Alltag zu sprechen,
mit denen die Väter sich auseinander setzen müssen, wenn es ihn denn überhaupt gibt,
den Vater mit viel Engagement in der Erziehung. Ich denke aber, dass die Gesellschaft
auf einem guten Weg ist, die Ansichten der konservativen Rollenverteilung zu überwinden
und diese von Generation zu Generation zunehmend abzubauen. Allerdings sollte man
den Männern wohl auch ein gesundes Maß an Verständnis entgegenbringen, denn im
Rahmen der Konkurrenzbedingungen der Globalisierung erscheint eine maximale Präsenz
am Arbeitsplatz zweifelsohne vorteilhaft. Heutzutage sollte man dafür einstehen, dass es
nicht mehr typisch männliche bzw. typisch weibliche Aufgaben gibt, sodass die Gleichbe-
rechtigung der Geschlechter nun auch im Bereich der Kindesbetreuung Fuß fassen kann.
Solange keine gerechte Verteilung der Belastungen in der Familienarbeit stattfindet, wird
die Situation für Mütter weiterhin bedauernswert bleiben.*

*Gesterkamp hat durchaus einen guten kritischen Ansatz, was das mangelnde Engage-
ment der Väter in der Erziehung betrifft. Vieles bleibt aber trotzdem plakativ und pauschal,
so wie auch das Beispiel mit dem Kindergeburtstag eher künstlich und nicht realistisch
wirkt. Denn bei Berufen mit gleitenden Arbeitszeiten dürfte selbst ein wenig engagierter
Vater wohl kaum vor eine Problematik gestellt werden, wenn der am Tag zuvor länger arbeitet, sodass er „um drei Uhr" (Z. 66) am Tag des Kindergeburtstags pünktlich zu Hause
ist. An dieser Stelle liegt es vor allem an jedem Einzelnen von uns, solche Zugeständnisse
als anerkennenswert zu würdigen.*

3.5 Schluss (10 Minuten; 1 Seite)

- Eigene Position zum Text vertreten: **Schluss-Gedanke/eigene Position**

BEISPIEL   **Beispiel einer Schüler-Lösung (visualisiert):**

*Das Engagement in der Erziehung ist ohne Frage abhängig in hohem Maße von dem Willen
und der Bereitschaft des Vaters, Zeit in die kindliche Fürsorge zu investieren – Zeit, die
man auch am Arbeitsplatz hätte verbringen können, um weitere Anerkennung zu erwer-*

ben. *Ein oberflächlicher Blick auf die Realität beweist aber, dass es für immer mehr Väter wichtig ist, Einfluss auf die Kindeserziehung zu nehmen. Anscheinend ist ihnen das Risiko zu groß, die Psyche des Kindes könnte durch die einseitige mütterliche Zuwendung Schäden davon tragen. Tatsächlich ist es so, dass sich Kindern, die sowohl väterlicher- als auch mütterlicherseits geprägt werden, natürlich viel mehr Entfaltungsspielräume darbieten.*

Schlussfolgernd lässt sich demnach feststellen, dass unsere Gesellschaft, speziell die Väter, auf einem guten Weg sind, sich mit mehr Engagement in der Erziehung zu beteiligen. Wie im Leben so üblich, müssen zur Verwirklichung dieses Vorsatzes aber auch Prioritäten gesetzt werden. So verkürzt sich also zwangsläufig die Zeit am Arbeitsplatz, was aber noch lange nicht heißt, dass es keine gesunde Balance zwischen Kind und Karriere gibt!

3.6 Durchlesen (10–15 Minuten)

Die gesamte Arbeit zwei- bis dreimal durchlesen. Besonders auf die eigenen Fehlerquellen (Kommasetzung, Rechtschreibung, korrekte Konjunktive in der 1. Aufgabe usw.) achten.

Nicht vergessen bei Klassenarbeit:
- Deckblatt (bleibt bei Seitenzählung unberücksichtigt)
- Seitenzahl (rechts oben/bei zehn Seiten: 1/10, 2/10...)
- Namen (Mitte oben)

B Texterörterung

Wie schon bei der Textanalyse im vorherigen Kapitel erwähnt, wird im Deutsch-Abitur in Baden-Württemberg **entweder** eine Textanalyse **oder** eine Texterörterung gestellt. Von daher musst du immer Textanalyse und Texterörterung parallel betrachten und als Doppelpack „drauf haben"! Deshalb läuft auch beides hier bei mir unter „Aufgabe V".

Anforderungsprofil für die Texterörterung
- Du musst den Text verstehen! Das ist der wundeste Punkt vieler Schüler. Sie lesen ja kaum – weder Literatur noch anspruchsvolle Zeitungsartikel, es fehlen oft die Fremdwortkenntnisse und auch das Training, schwierigere Grammatikkonstruktionen inhaltlich zu erfassen.
- Die Texterörterung ist im Gegensatz zur Textanalyse eine Kombination zweier Aufsatzarten: Texterörterung und freie Erörterung. Du musst dir deine Zeit perfekt einteilen, du kannst dir keinen Zeitfehler erlauben, du hast in einer Zeitpräzision zu funktionieren wie bei keiner anderen Aufsatzart. Meist ist die Texterörterung die Aufsatzart mit der höchsten Seitenzahl.

– Du musst für die dritte Aufgabe Ahnung – und zwar ziemlich viel – von der Thematik des vorgegebenen Textes haben. Meist sind aber diese Texte eher zu einem allgemein gesellschaftlichen Thema, sodass keine Spezialkenntnisse nötig sind, dennoch solltest du bei gesellschaftlich-politischen Fragen ziemlich fit sein.

Die Texterörterung/Textanalyse (Aufgabe V) ist eine gute Alternative für Schüler, die eher sachlich vom Typ her sind, gerne emotionslos Stilfiguren und Argumente abarbeiten, denen ein Sprachzauber als Text-Vorlage und Eigenproduktion fremd ist. Die Interpretationstypen können umgekehrt nichts mit dieser sachlichen Aufgabenstellung anfangen. Du solltest dir genau überlegen, welche Aufsatzart dir liegt, folglich dieser bei der Auswahl im Deutsch-Abitur die Priorität geben. Also sofort beim Abitur diese aus den Aufgabenstellungen heraussuchen.

WARNUNG

Es ist volles Risiko, sich auf *eine* Aufsatzart zu versteifen. Mindestens eine zweite Aufsatzart muss absolut perfekt beherrscht werden, eine dritte sollte vom Aufbau her lösbar sein!

Da du vor dem Abitur vermutlich Texterörterung/Textanalyse als vierstündige KA schreiben wirst, dürfte die Texterörterung/KA noch eine „vor 2013" sein – hiervon hat dein Deutschlehrer noch genugend Auswahl, so erkläre ich dir alles zunächst an der „alten Form", alles lässt sich dann leicht auf die neue übertragen – nur eine Verschiebung der Teilaufgabe, mehr nicht! Für die neue Aufgabenstellung biete ich dir eine sechsstündige Klassenarbeit als Beispiel (6 Schulstunden, 330 Minuten mit Schulpausen, exakt Deutsch-Abi-Zeit), wobei ich dann nicht mehr viel zu erklären brauche (siehe S. 98 f.).

1. Aufbau einer Texterörterung (Abitur-Form vor 2013)

Zeit- und Seitenüberblick KA Texterörterung (4 Schulstunden)

Texterörterung: Klassenarbeit / 200 Minuten	Minuten	Seiten
Vorbereitung der Texterörterung	40	
1. Einleitung (1–2 einführende Sätze + festgelegte Formen) (2 Zeilen frei)	10–15	½–1
2. Erste Aufgabe (Strukturierte Inhaltsangabe) (1 Zeile frei)	20	1–2
3. Zweite Aufgabe (Stellungnahme zum Text + Stilmittel) (1 Zeile frei)	50	2–3
4. Dritte Aufgabe (Erörterung über den Text hinaus/ Tendenz: pro/contra: dialektischer Aufsatz) (2 Zeilen frei)	50	5–7

Texterörterung: Klassenarbeit / 200 Minuten	Minuten	Seiten
5. Schluss (ähnlich einer Synthese bei einem dialektischen Aufsatz)	10–15	1–2
6. Durchlesen!!! (Puffer!)	20	

2. Vorbereitung der Texterörterung (Abitur-Form vor 2013)

Aufgabenstellung durchlesen (5 Minuten)
– **Erste Frage im Abitur**: Steht eine Texterörterung im Zentrum oder eine Textanalyse?[17]
– Da bis zum Abi 2012 die Aufgabenstellungen von Texterörterung/Textanalyse immer der Formulierung von 2005 entsprachen, sofort überprüfen, wie jetzt die Aufgabe formuliert ist! Diese Aufgabenstellungen dann exakt erfüllen, also der Reihe nach. Ob alte oder neue Form der Aufgabenstellung, du hast dank intensiven Trainings mit Textanalyse und Texterörterung alles drauf! Ein beruhigendes Gefühl!

Textstellen durcharbeiten (40 Minuten)
Alle Auffälligkeiten, besonders in Blick auf Stilmittel, sich sofort (!) am Rand notieren, auch wenn sie nicht direkt zur Aufgabenstellung passen, ausgewählt wird später! Vorschlag einer Systematik:
– blau: Inhalt/linker Rand. Nur Stichworte: Was will er sagen?
– grün: Argumentationsstruktur (beim Inhalt unterbringen / links)
– rot: Stilfiguren / rechter Rand. Einzelne Worte aus dem Text rhetorisch benennen: Mit welchen Mitteln will er es sagen? Welche Funktion haben diese Stilfiguren, um den Inhalt rüberzubringen?

Untersuchungsansätze:
– Wie ist der Text gegliedert? Besteht eine Parallelität zwischen Anfang und Ende? Wird am Anfang begonnen, was am Ende beendet wird?
– Wann sind die Sätze kurz, wann lang (Parataxe/Hypotaxe)? Gibt es dabei eine Interpretationslogik? Zielgruppe?
– Sprachanalyse an einzelnen Worten/Sätzen betreiben und sofort den Hintergrund des Wortkontextes beleuchten (Konnotationen beachten: Welchen Beiklang/Mitklang hat das Wort, bes. in Blick auf Hörer/Leser)
– Kommt ein wichtiges Wort mehrfach vor → farbig markieren. Ist dieses ein Schlüsselwort? Warum wird es mehrfach genannt? Was will der Schreiber bei den Lesern erreichen?
– Beginnen Sätze immer gleich (Anapher)?
– Werden besondere Bilder gewählt (Metapher), die möglicherweise sich symbolisch deuten lassen? Besonders Bilder mit genauerer Begrifflichkeit untersuchen, besonders bei einer Glosse (ist auch bei einer Texterörterung möglich). Welche unterschiedlichen Dinge werden miteinander verbunden [der Gedanke tröpfelt aus dem Kopf]?

---

17 Der Schwerpunkt steht auf dem Abiturblatt oben rechts: „Schwerpunkt: …"

3. Schriftlicher Teil der Texterörterung (Abitur-Form vor 2013)

ÜBUNG

Aufgabenstellung:
Texterörterung/Textanalyse – **Schwerpunkt: Texterörterung**
Text: „Auf zu neuen Höhen" (Daland Segler)

Aufgaben:
- Fassen Sie die Aussagen des Textes zusammen. (Erste Aufgabe)
- Setzen Sie sich kritisch mit den Argumenten des Autors auseinander, und erläutern Sie dabei, wie diese durch die sprachliche Gestaltung gestützt werden. (Zweite Aufgabe)
- Erörtern Sie – über den Text hinausgehend –, in welcher Weise das Internet die Qualität journalistischer Arbeit und damit den Meinungsbildungsprozess beeinflusst. (Dritte Aufgabe)

Daland Segler
Auf zu neuen Höhen

Wieder machen Internet und sinkendes Anzeigenaufkommen den Zeitungen das Leben schwer

Da kommt so ein junger Radikaler daher, findet das ganze System korrupt und beschließt, seinen Protest öffentlich zu machen. Greift sich ein Blatt Papier, schreibt das alles auf, nimmt sich 5 Hammer und Nagel und haut seine Thesen an den öffentlichsten Ort der Welt: die Kirchentür. Was würde Luther heute tun? Ein anderer fast noch junger und beinahe radikal wirkender Mann, ebenfalls der Meinung, dass sich was 10 ändern muss und von nicht wenigen seiner Anhänger mit Heiligenschein versehen, weiß, was der aufmüpfige Mönch getan hätte: Er wendet sich im öffentlichsten Medium der Welt an dieselbe. Barack Obama verkündet seine 15 Meinungen, heute Statements geheißen, nicht mehr gedruckt, sondern auf You Tube, im Internet.

Das bedruckte Papier weicht dem laufenden Bild, das Lesen dem Anschauen: Das ist die 20 Umwälzung, die das Internet mit sich bringt, das sich selbst vom Text- zum Bild-Medium gewandelt hat. Und die traditionellen Medien wie Buch, Zeitung und Fernsehen müssen sich der neuen Konkurrenz stellen. Das tun sie zu-25 nächst durch den Versuch der Einverleibung. Kein Verlag, keine Zeitung mehr ohne Online-Auftritt, kein Sender mehr ohne Internet-Angebote.

Das ist weniger der Einsicht zu verdanken, 30 dass das World Wide Web das nächste große Ding sei, als dem Geschäftssinn. Wo die Kunden/Leser/User sind, da muss der Anbieter sein, um Geld zu verdienen, mit seinen Inhalten, zumal im Mediengeschäft aber: mit 35 Werbung. Das war schon beim Internet-Vorläufer Btx so.

Doch das Kalkül geht nicht auf. Der berühmte „Werbekuchen", er wird nicht neu aufgeteilt, er schrumpft. Eine Anzeigenseite in der Zeitung 40 bringt um einiges mehr an Einnahmen als eine

Reklame auf der Homepage. Der Aufwand für das Netz zahlt sich noch immer nicht aus. Weniger Geld in der Kasse der Konzerne und Verlagshäuser ist die Folge, deren Folgen wiederum derzeit eine dramatische Dynamik angenommen haben: Verringerung des Angebots wie auch des Personals. Arbeitskraft wird ja heute nicht mehr als Wertschöpfung (die sie bleibt) angesehen, sondern als Kostenfaktor (der sie nur in Sklavenhaltersystemen nicht ist). In den vergangenen Wochen wurde die Krise so deutlich sichtbar wie selten zuvor: WAZ-Geschäftsführer Nienhaus findet, dass vier Zeitungen in der Region nicht auch vier Redakteure brauchen, die über dasselbe Ereignis berichten. Der Konzern will 30 Millionen Euro sparen, was laut Geschäftsführer Bodo Hombach 300 Arbeitsplätzen entsprechen könnte. (...)

Und der renommierte Konzern Gruner + Jahr macht aus seinen Wirtschaftstiteln Capital, Impuls, FTD und Börse Online das Produkt einer „Zentralredaktion", was eine Hundertschaft von Kollegen den Job kosten könnte, und stellt Park Avenue ganz ein.

Nun mag man fragen: Wer braucht Park Avenue, wer braucht Capital? Aber es geht weniger um die Träger der Inhalte als deren Produzenten. Und da lautet seit Jahren die Formel: mit weniger Personal mehr Qualität liefern. Dass das nicht gut gehen kann, wissen deren Verkünder wohl. Ihr unausgesprochenes Prinzip, diktiert vom Glauben an eine wie auch immer definierte Rendite, lautet: Friss Vogel, oder stirb. Um so etwas wie Motivation der Mitarbeiter geht es längst nicht mehr.

Dass dieser Weg in die Irre führen kann, dafür finden sich Indizien. Verleger Alfred Neven DuMont (u. a. Frankfurter Rundschau, Kölner Stadtanzeiger) riet jüngst bei der Verleihung des Theodor-Wolff-Preises den Kollegen: „Stocken Sie Ihren Redaktionsetat auf." Das Gegenteil geschieht. Und so finden dann Redakteure wie Stefan Niggemeier, der die FAZ verlassen hat und frei arbeitet, Belege zuhauf,

dass Qualität da sinkt, wo das Personal verringert wird oder an gut ausgebildeten Journalisten gespart wird. Und das ist ausgerechnet im Medium der Zukunft, im Internet, der Fall. Man sehe sich nur einmal die Menge der Fehler auf der Web-Site an, die als Vorbild für ein journalistisches Web-Portal gilt: Spiegel Online. Das wäre im gedruckten Spiegel undenkbar.

Natürlich ist dieser Mangel nicht bloß auf schlecht ausgebildete Schreiber zurückzuführen, sondern hat auch mit dem Zeitdruck des Mediums zu tun. Zugleich aber ist das ein Zeichen für eine Entwicklung, die größere Dimensionen hat und auf lange Sicht unglücklich, wenn nicht verhängnisvoll werden könnte. Denn das Netz täuscht durch seine Schnelligkeit Information oft vor, die entweder nur extrem kurzlebig oder gar falsch ist.

Das Bedürfnis, informiert zu sein, teil zu haben am Geschehen der Welt, wird durch das Internet befriedigt wie nie zuvor – scheinbar. Der Mensch vor dem Computer hat die Welt am Draht, und er nutzt diese Verbindung, um sich zu bereichern, materiell wie geistig, und um sich einzumischen: Der Blogger ist immer und überall, ungefragt und ungehemmt tut er seine Meinung kund – allerdings allzu oft auch unbeleckt von tieferer Kenntnis über das, was er kommentiert.

Die so oft beschworene Demokratisierung der Kommunikation, ja der gesamten Welt, sie geht einher mit einem fröhlichen Dilettantismus. Wer Angela Merkels Politik rügen will, schreibt ein paar Zeilen ins Leserforum seines Leib- und Magenblatts, wer ein Buch kaufen, einen Film ansehen will, geht ins Netz und findet dort Urteile zuhauf, ohne allerdings etwas über die Kompetenz des Urteilenden zu wissen.

Der professionelle Kritiker oder Journalist sitzt mit solcher Sicht des Bloggens natürlich im Glashaus, schließlich ist ihm da weltweite Konkurrenz entstanden. Schon liefert die Bildzeitung zu einem Spottpreis Videokameras aus, um Tausende von „Leserreportern" zu gewinnen. Heute Leser, morgen Kritiker, übermorgen Regisseur: So hätte sich Karl Marx sein Ideal vom sich als Jäger, Fischer & Sammler selbst verwirklichenden Menschen kaum 135 träumen lassen.

Doch diese Vorstellung von der Teilhabe am Großen Ganzen wird nur scheinbar befriedigt. Der Glaubenssatz des Users lautet: Was wirklich wichtig ist, erreicht mich schon. Das aber 140 könnte sich als Täuschung herausstellen. Denn es sind womöglich doch weniger die „Fakten, Fakten, Fakten", mit denen Helmut Markworts Magazin Focus diese Entwicklung in Deutschland einleitete, sondern es sind die 145 Zusammenhänge hinter diesen Fakten.

Die Bits und Pieces in den Schlagzeilen der Web-Portale wie Yahoo, Windows Live oder auch t-online mögen die Opfer-Zahlen von

Kriegen und Katastrophen nennen, die Gründe 150 dafür aber verschweigen sie: Die lassen sich nicht in ein paar Zeilen darstellen. Wer zum Beispiel von den Gräueln im Kongo nur Zahlen, Daten und Namen zur Kenntnis nimmt, der weiß gar nichts, weil ihm etwa die Ge- 155 schichte des Völkermords zwischen den Stämmen der Hutu und Tutsi in Ruanda vor Jahrzehnten fehlt. Faktenhuberei ignoriert immer, dass Geschichte ein Prozess ist. Der aber bedarf einer Darstellung, die mit Grafiken 160 und Kurztexten nie zu leisten ist. (...)

Daland Segler: Auf zu neuen Höhen. Aus: FR-Online vom 02.08.2008. © Alle Rechte vorbehalten. Frankfurter Rundschau GmbH, Frankfurt

http://www.
· bange-
verlag.de/
uploads/Abi_
Trainer_BW/
segler.pdf

3.1 Einleitung (10–15 Minuten; ½–1 Seite)

- zum Thema / Problem hinführen (nur 1–3 Sätze!)
- Verfasser, Titel, Art des Textes
- Quelle, Datum, Anlass des Textes
- Thematik / Problemkern

BEISPIEL **Beispiel einer Schüler-Lösung (visualisiert):**

Blättert man heutzutage einmal in einer Tageszeitung, so fällt dem, an frühere Zeitungen gewöhnten Auge eine neuartige Veränderung auf. Demnach findet sich unter fast jedem Artikel, jedem Bericht ein Verweis auf die Internetseite der jeweiligen Zeitung. Die Druckmedien scheinen sich nun also dem Internet unterworfen zu haben. Diese Problematik der Umwandlung von den sogenannten Printmedien zu deren Onlineausgaben, um weiterhin konkurrenzfähig zu bleiben, greift Daland Segler in seinem Kommentar „Auf zu neuen Höhen", welcher am 2.8.08 für das Onlineportal „FR-Online" unter der Rubrik „Kultur und Medien" erschienen ist, auf. Segler beschäftigt sich also mit der aktuellen Diskussion um das Internet, welches angeklagt wird, die traditionellen Medien zu ruinieren.

3.2 Erste Aufgabe (20 Minuten; 1–2 Seiten)

Grundsätzlich gilt: Die Aufgaben der Reihe nach (!) lösen, niemals zwei Aufgaben vermischen, nach jeder Aufgabe, die mit einem abrundenden Satz endet, eine Zeile frei lassen! Für ein Konzept besteht keine Zeit, die Schüler müssen sprachlich so trainiert sein, dass sie ohne Probleme dies lösen können, fast nichts durchstreichen müssen und auf irgendwelche irritierenden Nachträge verzichten! Dieses Training wurde durch die regelmäßig angefertigte Hausaufgabe erworben!

ÜBUNG

Aufgabenstellung: „Fassen Sie die Aussagen des Textes zusammen." (=strukturierte Textwiedergabe)

Das bedeutet, den Inhalt anhand der Argumentationsweise wiedergeben. Wichtig: Keine rhetorischen Figuren vorwegnehmen, sondern den gesamten Text überblicken und daran die Argumentationsweise aufzeigen.

Mögliche Fehlerquelle: fehlender Konjunktiv. Deshalb die strukturierte Textwiedergabe auf Konjunktivfehler überprüfen:

FORMEL

Faustregel Konjunktiv: 3. Pers. **Singular: Konjunktiv I**
3. Pers. **Plural: Konjunktiv II**

Hinweis: Bei „dass"-Sätzen wird neuerdings der Indikativ (Wirklichkeitsform) akzeptiert! Beispiel: *Der Autor hebt hervor, dass die Zahlen weit überhöht sind* (nicht mehr: *seien*).

– Einleitender Satz
– Argumentationsstruktur
– Inhalt (hier ohne farbliche Hervorhebung). An Konjunktivbildung denken!

BEISPIEL

Beispiel einer Schüler-Lösung (visualisiert):
Daland Segler stellt sich in seinem Kommentar „Auf zu neuen Höhen" die Frage, inwiefern das Internet die traditionellen Printmedien beeinflusst. Er beginnt seine Argumentation mit dem Beispiel eines öffentlich protestierenden Rebellen, welcher sich als Martin Luther entpuppt und beschreibt damit die Anfänge des öffentlichen Protestes mithilfe des Mediums „Papier". Segler überträgt dieses Beispiel in die heutige Welt, indem er auf den

amerikanischen Präsidenten Barack Obama verweist, welcher seine Meinung über das Internet schnellstmöglich kundgebe. Er stellt demnach fest, dass in der heutigen Zeit das „bedruckte Papier" (Z. 18) dem „laufendem Bild" (Z. 18 f.), also dem Internet, gewichen sei. Das Internet als solches vertreibe also die Printmedien und stelle für diese damit die stärkste Konkurrenz dar. Segler bemerkt, dass diese Tatsache das Onlinegehen vieler Zeitungen zur Folge habe, da dies die letzte Möglichkeit für die Druckmedien darstelle, ihre Stellung weiterhin zu halten. Segler betont, dass die Wandlung jedoch nicht ein Produkt der „Einsicht" (Z. 29) sei, sondern lediglich eine Folgerung des „Geschäftssinn[es]" (Z. 31). Jedoch verweist er darauf, dass das Internet, wenn auch das moderne Medium, der Zeitung im Bereich Anzeigen kaum das Wasser reichen könne, da diese mehr Einnahmen bringe. Aus diesem Einnahmedefizit folgert Segler die Reduktion der Arbeitnehmer als Ausgleich für die leeren Kassen und gibt an, dass der Arbeitnehmer von der „Wertschöpfung" (Z. 48) zum „Kostenfaktor" (Z. 49) geworden sei. Diese Aussage begründet er mit zwei Beispielen von Unternehmen, bei welchen das Motto, nach welchem angestrebt wird, dass mehr Qualität und Leistung nur durch Reduzierung der Arbeitskräfte zu erreichen sei, gehandelt werde. Hierzu kontrastiert Segler den Ausspruch des Verlegers Alfred Nerven, welcher die Unternehmer wieder zur Einstellung von Arbeitskräften aufruft. Segler betont demnach, dass weniger Personal auch schlechtere Qualität bedeute und dies als eine Fehlerquelle der schlechten Onlineausgaben der heutigen Zeitungen zu betrachten sei. Als Grund gibt Segler hier die „schlecht ausgebildeten Schreiber" (Z. 96), aber auch den „Zeitdruck" (Z. 97) an. Die Folge des Zeitdrucks sei demnach durch zu schnelles Arbeiten das Herausgeben von falschen Informationen. Des Weiteren stellt Segler die These auf, dass der Mensch sich über das Internet in die Öffentlichkeit einmische und meist kaum Ahnung von dem, was er sagt, habe. Segler stellt also fest, dass das Internet voll von „[Dilettanten]" (Z. 118) sei, da man zu jedem Thema zwar Meinungen finde, diese aber fragwürdig seien. Er betont, dass nur Fakten im Internet erschienen, die Hintergründe, welche aber für das Verständnis wichtig seien, würden weggelassen. Das Internet sei demzufolge nicht im Stande Informationen richtig zu vermitteln, da es sich nur auf Fakten und Zahlen stütze. Segler kommt daher zu dem Schluss, dass diese „Faktenhuberei" (Z. 157) des Internets unvollständige Informationen wiedergebe und demnach für die Geschichte unbrauchbar sei. Es sei daher unmöglich für das Internet, eine ähnliche Leistung im Bereich der Informationsvermittlung wie eine Zeitung zu erbringen.

3.3 Zweite Aufgabe (50 Minuten; 2–3 Seiten)

ÜBUNG

> Aufgabenstellung: „Setzen Sie sich kritisch mit den Argumenten des Autors auseinander, und erläutern Sie dabei, wie diese durch die sprachliche Gestaltung gestützt werden."

Die zweite Aufgabe beinhaltet zwei Aufgabenstellungen:

1. Kritische Stellungnahme zur Meinung des Autors – siehe Aufgabenstellung
2. Frage nach den rhetorischen Mitteln: In diesem Teil stehen die herausgeschriebenen Stilfiguren im Zentrum. Einzelne Stilmittel (korrekt benennen!) in ihrer Funktion als Überträger von Botschaften darstellen. Auswendig gelernte Stilmittel systematisch benutzen. Der angemessene Gebrauch der Stilmittel ist Teil der Bewertungsskala des Lösungsvorschlags! Notenmäßig übel ist, wenn die Stilmittel falsch benannt werden, dann lieber den Fachausdruck weglassen!

Grundsätzlich gilt auch hier: Kein Konzept machen! Die Aufgabenstellung präzise am konkreten Text erfüllen, dabei in Blick auf die Aufgabenstellung am Text entlang gehen. Die Vorarbeit wurde bereits durch Notizen, Unterstreichungen und Farben geleistet, jetzt liegt ein klares Textverständnis vor, das die Integration verschiedener Zitate aus dem Text (Zeilenangaben!) ermöglicht. Grundsätzlich muss alles am Text belegt werden, auf Spekulationen außerhalb des Textes ist zu verzichten.

– Einleitender Satz
– Stellungnahme zur Meinung des Autors: 4–5 Argumente aus dem Text zusammenfassend benennen, z.T. mit Zitat oder Inhaltszusammenfassung, und dann kritisch Position beziehen. Besonders Argumente herausgreifen, bei denen man eine Gegenposition bezieht!

BEISPIEL

Beispiel einer Schüler-Lösung (visualisiert):

1. Trotz der allgemeinen Schlüssigkeit seiner Argumentation weist Segler in dieser textimmanent doch einige Schwächen auf.

Der Autor verabsolutiert Behauptungen, welche allerdings nur für spezielle Situationen gelten. So merkt er an, dass die Zeitung dem Internet weiche, jedoch scheint er hierbei die Tatsache zu übersehen, dass die Zeitung immer noch das Medium Nummer Eins ist. Fragt man die Leute auf der Straße, so wird die Mehrheit angeben, regelmäßig Zeitung zu lesen. Die Tatsache also, dass die Zeitung immer noch in deutschen Haushalten als fester Bestandteil der Informationsbeschaffung besteht, widerlegt das Argument Seglers, welches zu oberflächlich ist.

Des Weiteren betont Segler, wenn auch jetzt die Seite wechselnd, die hohe Einnahmequelle „Anzeigen" in den Zeitungen, welche im Internet nicht zu existieren scheint, jedenfalls nicht in diesem Umfang. Hier muss man nun anmerken, dass, öffne man doch nur einmal eine beliebige Homepage, zu beiden Seiten des Informationstextes stets große Werbeanzeigen flackern. Das Internet bezieht seine Haupteinnahmen aus der Werbung und demnach ist die Aussage Seglers als falsch einzustufen.

Ein weiteres, fehlerhaftes Argument von Segler besagt, dass mehr Personal automatisch bessere Qualität bedeute, jedoch gibt es auch hier Ausnahmen. Natürlich ist es richtig, dass mehr Arbeitskräfte die Arbeit unter weniger Zeitdruck verrichten können, jedoch ist es zu verabsolutierend, wenn man sagt, dies gelte für jeden Bereich. Mehr Leute schaffen auch mehr, diese Tatsache ist jedem klar, aber kennen wir nicht alle das Sprichwort „Viele Köche verderben den Brei"?! Wirken zu viele Kräfte auf ein Objekt, so ist es anfälliger dafür Fehler zu haben, denn je mehr Arbeitskräfte vorhanden sind, desto größer ist das Risiko, etwas falsch zu machen. Qualität ist demnach nicht auf die Anzahl der Mitwirkenden zurückzuführen, sondern auf deren Können und Qualifikation. Hat man zehn Leute, welche alle nicht gut genug qualifiziert sind, so können sie einem Einzigen, welcher die geforderten Fähigkeiten besitzt, nicht das Wasser reichen.

Des Weiteren gibt Segler an, dass das Internet als Informationsquelle eher unzureichend sei, da es viele Fehler, falsche Daten und unvollständige Inhalte präsentiere. Es habe demnach einen eher niedrigen Informationsgehalt. Jedoch ist auch diese Aussage zu allgemein formuliert. Natürlich lässt sich der Wahrheitsgehalt mancher Meldungen auf bestimmten Internetseiten anzweifeln, jedoch gilt das nur für einige wenige. Viele Internetseiten geben umfassend den Inhalt eines aktuellen Problems wieder, ohne, wie kritisiert, die Zusammenhänge außer Acht zu lassen. Das Internet entstand als Erleichterung des Informationsaustausches. Der Wahrheitsgehalt und damit die Qualität der Inhalte ist demnach das Hauptaugenmerk des Internets. Es ist daher zu allgemein, von einer fehlerhaften Quelle gleich darauf zu schließen, dass alle Fehler enthalten müssen. Segler argumentiert demnach zwar verständlich und schlüssig, hat aber zu wenig Tiefgang, was seine Standpunkte betrifft.

– Einsatz sprachlicher Mittel
– Einleitender Satz / Schluss-Satz
– **Stilmittel** (Fettdruck) finden. Diese zur Interpretation nutzen, also erklären, in welcher Weise die Stilmittel der Aussage des Textes dienen.

BEISPIEL | **Beispiel einer Schüler-Lösung (visualisiert):**

2. Er bedient sich zur Stützung seiner Argumente einiger sprachlicher Mittel. So ruft er bereits in der Überschrift die Printmedien zu neuen Dimensionen auf, um deren Konkurrenzfähigkeit gegenüber dem Internet zu erhalten. Er beginnt seinen Kommentar in lockerer, leicht verkürzender Umgangssprache, in welcher er beschreibt, wie Luther, sein gewähltes Einstiegsbeispiel, seine 95 Thesen verfasst („Da kommt so ein junger Radikaler daher, findet das ganze System korrupt und beschließt, seinen Protest öffentlich zu machen." [Z. 1 f.]). Die Lockerheit der Sprache spiegelt die Lockerheit, gar Frechheit / Impertinenz des Tuns Luthers wider. Sprachform und Sprachinhalt bilden folglich eine Einheit. Im Vergleich Luthers mit Obama bedient Segler sich der **Litotes** „nicht wenigen" (Z. 10), um den Stellenwert von Barack Obama unter seinen „Anhängern" (Z. 10 f.)

darzustellen, so beschreibt Segler die Verehrung Obamas von vielen und zeigt damit, in welchen Kreisen der öffentliche Meinungsaustausch Stellung bezogen hat. Den ersten Protestcharakter Luthers beschreibt Segler mit dem **Oxymoron** *„der aufmüpfige Mönch"* (Z. 12), da der Mönch zu damaligen Zeiten als still-betender Bücherwurm definiert war, für welchen der Gedanke an Protest schon beinahe verrückt war. Die Übertragung des altertümlichen Beispiels Luthers auf den modernen Präsidenten wird durch die **Parenthese**, in welcher die Meinung als *„Statement[]"* (Z.15) definiert wird, in ihrer Krassheit bestätigt. Und auch die **antithetische** Darstellung von modernem Begriff und **archaischer** Wendung (*„Statements geheißen"*[Z.15]) verdeutlicht den Gegensatz Moderne und Alt-bewährtes. Mit der **Anapher** *„Kein Verlag, keine Zeitung mehr ohne Online-Auftritt, kein Sender mehr ohne Internetangebote"* (Z. 26 ff.), welche gleichzeitig eine **Ellipse** darstellt, verweist Segler auf die Wandlung der Printmedien zum *„Bild-Medium"* (Z .21). Und auch die **Akkumulation** *„Kunden/Leser/User"* (Z. 31 f.) zielt darauf ab, die Wende der Medien sichtbar zu machen und lässt anmerken, dass der Erfolg, d.h. der Verdienst der Medien, auf deren Kunden zurückzuführen ist. Die **Metapher** *„Werbekuchen"* (Z. 38) verdeutlicht das Bild der Medien als Hauptwerbeträger, da die Werbung den Großteil der Einnahmen eines Mediums ausmacht. Doch auch wenn Werbung eine große Geldquelle der Medien ist, besteht dennoch ein finanzielles Defizit, welches durch Reduktion von Arbeitskräften und Auflage versucht wird auszugleichen. **Parallelismus/Anapher** *„Wer braucht Park Avenue, wer braucht Capital?"* (Z. 66 f.) intensivieren daher den Prozess der Auswahl, was nun reduziert werden soll, wonach das Objekt nach Nachfrage und Brauchbarkeit bewertet wird. Mit dem **Einschub** in Zeile 89 *„im Internet"*, welcher inhaltlich einer **Parenthese** gleicht, wird noch einmal verdeutlicht, welches Medium demnächst einen höheren Stellenwert beinhalten wird. Doch das Internet als solches weist auch einige Schwächen auf, welche mit der **Klimax** *„unglücklich, wenn nicht verhängnisvoll"* (Z. 100 .f) näher bestimmt werden. Denn die Informationen im Internet sind entweder *„extrem kurzlebig oder gar falsch"* (Z. 103 f.). Auch hier definiert eine **Klimax** den näheren Umstand. Die **Metapher** *„die Welt am Draht"* (Z. 108 f.) verdeutlicht die Stellung des Menschen, des Internets und der Welt in Bezug aufeinander. So hat der Mensch durch das Internet die Möglichkeit die Welt zu *„halten"*. In Zeile 121 f. beschreibt eine angedeutete **Ellipse** (*„wer ein Buch kaufen, einen Film ansehen will"*) den Ablauf der Bedürfnisse, welche schnell aufeinander folgend auftreten und vermittelt damit eine gewisse Dynamik. Die **Akkumulation** *„Zahlen, Daten und Namen"* (Z. 152 f.) verdeutlicht das hohe Maß an rationalen Informationen, jedoch unter Weglassen der Zusammenhänge, welches Segler als Hauptproblem des Internets sieht und mit diesem Argument auch seinen Kommentar schließt.

3.4 Dritte Aufgabe (50 Minuten; 3–5 Seiten)

Erörtern zentraler Problemstellungen, auch über den Text hinaus
- Sehr viel Zeit einplanen!
- Mindmap erstellen!
- Deutlich über Text hinaus, sonst Wiederholung vom 1. Teil der 2. Aufgabe.

ÜBUNG

Aufgabenstellung: „Erörtern Sie – über den Text hinausgehend –, in welcher Weise das Internet die Qualität journalistischer Arbeit und damit den Meinungsbildungsprozess beeinflusst."

– Einleitender Satz / Schluss-Satz
– Erörterung

BEISPIEL **Beispiel einer Schüler-Lösung (visualisiert):**

Das Internet genießt in der heutigen Zeit einen hohen Stellenwert. Nicht nur als Informationsvermittler, sondern auch als Zeitvertreib. Längst scheint vergessen zu sein, jedenfalls von der Jugend, dass das Internet im Zuge des Informationsaustausches Ende der 70er-Jahre entstand. Zwar gibt es heute noch viele Menschen, welche ihr Wissen über aktuelle Probleme aus dem Internet beziehen, wobei die Zeitung als eigentliche Informationsquelle weiterhin bestehen bleibt, dennoch wird das Internet meist nur für belanglose Dinge verwendet. Zwar hat das Internet mit seinen Millionen von Homepages eine unerlässliche Ressource für Wissen und Information geschaffen, welche von vielen für Schule und Beruf genutzt wird, aber die Seiten mit Spielen und Chatforum überwiegen, da diese am stärksten nachgefragt werden. Dieser Trend entstand erst mit dem Internet, und so ist eine negative Seite des Internets, dass es zur Verdummung der Nation Beihilfe leistet. Wie viele Menschen sitzen täglich vor dem PC und verplempern ihre Zeit mit sinnlosen Spielen oder platten Unterhaltungen!? Da im Internet die Chatforen sehr beliebt sind, ist eine Folge des Internets die Unfähigkeit der Menschen zu einer tiefgehenden Unterhaltung, da die Strategie des Chattens auf kurze Sätze und wenige Zeichen abzielt. Es gilt, schnell Informationen auszutauschen, welche durch ihre Verkürzung oberflächlich und platt werden, was den Informationsgehalt gegen Null gehen lässt. Das Internet zielt demnach auf Kürze der Informationen ab und lässt damit den Stellenwert dieser sinken. Die Arbeit eines Journalisten, welcher sein Geld damit verdient, Zusammenhänge ausführlich und dennoch klar wiederzugeben, wird damit in den Hintergrund gedrängt, da nur noch Fakten zählen. Ein Journalist ist demnach dazu gezwungen sein Können einzudämmen und auf seine Fähigkeit zu schreiben zu verzichten, wenn er seinen Job behalten will. Diese Einschränkung und Reduktion der journalistischen Leistung wirkt sich auch auf die Qualität seiner Arbeit aus. Stets darauf bedacht, die Kürze zu wahren und dem Zeitdruck standzuhalten, werden wichtige Inhalte, welche zum Verständnis dienen, weggelassen oder nur kurz behandelt. In beiden Fällen fehlt der Zusammenhang zum Bericht und der Leser ist nachher genauso schlau wie vorher. Das ist natürlich nicht der Sinn eines Mediums, Informationen nur teilweise zu vermitteln, sodass sie letztlich kaum mehr Gehalt haben. Denn die Informationsquelle eines Menschen bestimmt auch dessen geistige Leistung seiner Meinung Ausdruck zu verleihen. Ist die Information falsch oder lückenhaft, so kann sich der Leser keine richtige Meinung dazu bilden und wird dazu genötigt, falsche Inhalte zu verinnerlichen. Eine Meinung, welche einer Diskussion standhalten soll, muss demnach auf gut recherchierte Meldungen sowie vollständigen Berichten beruhen. Denn wer könnte sich erlauben, an etwas Kritik zu üben, ohne sich über die Inhalte des zu kritisierenden

Objekts klar zu sein!? Qualität und Vollständigkeit einer Informationsquelle ist demnach unerlässlich. Das Internet mag zwar einige gute Informationsquellen haben, doch zu ausreichender Meinungsbildung eines aufgeklärten Menschen reicht es nicht aus.

Eine gute, qualitativ hochwertige Meinung kann also nur im Zusammenhang von Internet, Zeitung und Fernsehen entstehen. Ein Medium alleine reicht demnach nicht aus, auch wenn es qualitativ gut ist.

3.5 Schluss (10–15 Minuten, 1–2 Seiten)

– eigene Position / Abrundung
– Aktualisierung

BEISPIEL

Beispiel einer Schüler-Lösung (visualisiert):

Die Problematik des Internets als Vertreiber der traditionellen Medien im Bereich Informationsquellen ist ein sehr aktuelles Thema. Immer mehr Menschen neigen dazu, das Internet der Zeitung oder dem Buch vorzuziehen. Grund hierfür ist mit hoher Wahrscheinlichkeit die Bequemlichkeit der Menschen – ein Klick und schon ist alles parat. Dass die Inhalte jedoch oft fehlerhaft und fragwürdig sind, interessiert niemanden, denn wieso sollte man vor die Tür gehen, um die Zeitung zu holen, wenn man dasselbe auch im Internet lesen kann, auch wenn die Qualität nicht annähernd gleich ist. Aber dieser Wandel von Print- zum Bildmedium beinhaltet nicht nur die Verdummung der Nation durch mangelnde Information, auch kostet diese Veränderung viele Arbeitsplätze. Journalisten werden dazu genötigt, ihren Schreibfluss zu bändigen, um der Informationsvermittlung nach dem Leitbild des Internets gerecht zu werden und daher ihre Artikel rational, faktisch und kurz zu gestalten, womit ein Großteil ihres Talents unterfordert bleibt.

Doch wie kann ein Journalist in der heutigen Zeit diesem Problem des sinkenden Niveaus in den Medien entgegenwirken!? Durch stetige, jedoch langsame Steigerung des Niveaus in den heutigen Magazinen, Zeitungen, aber auch im Internet und Fernsehen wird dem Leser und damit auch den Presseleuten geholfen, wieder auf eine höhere Stufe zu gelangen und trotz des neuen Trends der Vereinfachung und Kurzlebigkeit am Ball zu bleiben. Internet bedeutet Fortschritt und Fortschritt heißt auch immer, dass eine Neuerung eintritt, welche das Altbewährte dazu zwingt, dieser zu weichen. Diese Problematik des wachsenden Fortschritts zeigt auf, dass Veränderungen nicht nur positive Aspekte beinhalten, denn man muss, der Weiterentwicklung halber, von alten Gewohnheiten ablassen und sich dem Neuen zuwenden, um in der heutigen Welt, welche für ihre rasante Schnelligkeit und Unbeständigkeit berühmt ist, bestehen zu können. Die Tatsache, sich ständig dem Neusten anpassen zu müssen, raubt dem Menschen die Sicherheit, da ihm mit der Entstehung des Internets der Luxus genommen wurde, sich auf Altbewährtes zu verlassen.

Jedoch muss man bedenken, dass Veränderungen unaufhaltsam in dem Weiterentwicklungsprozess der Menschheit verankert sind und es daher gilt, den Prozess als solchen anzunehmen, da eine Weigerung der Annahme nicht nur sinn-, sondern auch zwecklos ist und für keine Partei einen positiven Aspekt beinhalten würde.

4. Texterörterung (neue Aufgabenstellung ab 2013)

5. Aufbau einer Texterörterung (neue Aufgabenstellung ab 2013)

Texterörterung: Abitur 330 Minuten	Minuten	Seiten
Vorbereitung der Texterörterung	60	
1. Einleitung (1–2 einführende Sätze + festgelegte Formen) (2 Zeilen frei)	10	½–1
2. Erste Aufgabe (Strukturierte Inhaltsangabe + Stilmittel) (1 Zeile frei)	60	2–3
3. Zweite Aufgabe (Stellungnahme zum Text) (1 Zeile frei)	50	2–3
4. Dritte Aufgabe (Erörterung über den Text hinaus/Tendenz: pro/contra: dialektischer Aufsatz) (2 Zeilen frei)	100	5–7
5. Schluss (ähnlich einer Synthese bei einem dialektischen Aufsatz)	20–30	1–2
6. Durchlesen!!! (Puffer!)	30–40	

ÜBUNG

Texterörterung/Textanalyse – **Schwerpunkt: Texterörterung**
Textgrundlage: „Ich habe auch Spaß" (Evelyn Finger)

Aufgaben:
– Arbeiten Sie die Aussagen der Autorin heraus; berücksichtigen Sie dabei, wie sie den Text gestaltet hat. (Erste Aufgabe)
– Setzen Sie sich kritisch mit den Argumenten des Autors auseinander. (Zweite Aufgabe)
– Erörtern Sie, über den Text hinausgehend, inwieweit heutzutage Selbstverwirklichung im Arbeitsleben möglich ist. (Dritte Aufgabe)

Evelyn Finger
Ich habe auch Spaß!

Das kapitalismuskritische Mantra der Stunde lautet: Arbeitet weniger, macht mal richtig frei!
Doch der Feierabend wird überschätzt

Am liebsten hätte ich diesen Artikel an der Ostsee geschrieben. Ich erledige meine Arbeit nämlich gern in der Freizeit, auch wenn die Apostel der Work-Life-Balance uns davor war-
5 nen, die beiden Welten zu vermischen: den mühsamen Broterwerb und das süße Nichtstun, die profane Ökonomie und den heiligen Feierabend, das Dienstliche und das Private, die Pflicht und das Spiel.
10 Mit anderen Worten: Arbeit darf keinen Spaß machen. Das ist umso merkwürdiger, als das Maß an entfremdeter Arbeit abnimmt. Viele Menschen haben heute einen erfüllenden Beruf. Trotzdem predigen uns teure Berater, dass
15 die Arbeit nicht das Leben sei. Wir mögen das bitte trennen. Ordnung muss sein! Diese Berater hatten anscheinend noch nie einen richtig wilden und glücklichen Arbeitstag. Und in dem legendären Aufsatz von Friedrich Engels über
20 den *Anteil der Arbeit an der Menschwerdung des Affen* haben sie auch lange nicht mehr geblättert.
Engels fand, dass erst die Arbeit den Menschen zum Menschen mache. Sie sei
25 unendlich mehr als nur ein Mittel der Ausbeutung und eine Quelle des Reichtums – Lebensnotwendigkeit und Ausdruck unseres Menschseins. Jeder, der sich schon einmal ganz in eine anstrengende Tätigkeit vertiefte
30 und dabei alles um sich herum vergaß, kann das bestätigen. Arbeit ist befreiend. Arbeit ist beglückend. Oder mit Goethe: „Des echten Mannes wahre Feier ist die Tat."
Man braucht aber keine Klassiker, um die
35 neueste Ideologie der Arbeitswelt – die Verherrlichung der Freiheit – zu widerlegen. Was wäre denn so schlimm daran, diesen Artikel am Wochenende zu schreiben? Dann säße die Autorin jetzt nicht wie eine biedere Büro-
40 maus im Hamburger Pressehaus der *ZEIT*, sondern wie ein freier Mensch in ihrer holsteinischen Freizeithütte. Dort ist der Himmel heller als in der Stadt, geht der Blick aus dem Arbeitszimmer ins Weite. Wenn man das Fenster
45 öffnet, riecht man das Meer. Und die zufriedenen Bauern, deren knatternde Traktoren den Takt des Werktages vorgeben, strafen die urbane Work-Life-Balance-Religion Lügen.
Einst war Tätigsein das Ideal, nun wird es er-
50 setzt durch sein Gegenteil: Untätigsein, Zerstreuung, Amüsement. Während alle Welt um Arbeitsplätze konkurriert, ist die Arbeit selbst in Misskredit geraten. Ja: Das hat triftige Gründe. Außer dem steigenden Leistungs-
55 druck, außer der Überforderung durch ständige elektronische Erreichbarkeit, außer der Angst vor Jobverlust gibt es auch noch den modischen Zwang zur guten Laune. Die *ZEIT*-Autoren Amrai Coen und Thomas Fi-
60 schermann haben in der vergangenen Ausgabe dieser Zeitung beschrieben, wie Teamchefs ihre Mitarbeiter mit Motivationsspielen quälen. Gemeinsames Angeln, gemeinsames Kegeln, gemeinsames Panzer-
65 fahren. Und wer nicht mitmacht, gilt als Spielverderber. Tatsächlich ermöglicht die Pervertierung der Teamidee neue Formen von Herrschaft am Arbeitsplatz und darüber hinaus. Die Autoren klagen: „Vorbei die Zeit, als
70 Arbeit Arbeit und Freizeit Freizeit war."
Doch das ist die falsche Klage. Die Autoren stimmen in das irrige Mantra ein, dass unser Heil in der Trennung von Arbeit und Freizeit liege. Wenn das Glück aber erst nach Dienst-
75 schluss beginnt: Genügt es uns? Und was, wenn das Fitnesstraining sich als öde erweist und die Liebsten uns zum Feierabend mürrisch empfangen? Die Bevölkerung leidet unter

Freizeitstress, und das Privatleben ist oft der-
80 art mit Erwartungen überfrachtet, dass es
misslingen muss. In der angeblich heilen Welt
jenseits der Arbeit stehen sich unsere wider-
streitenden Wünsche im Weg: nach
Selbstverwirklichung, aber auch Liebe; nach
85 Ruhe, aber auch Event. Vielleicht würde es
helfen, der Freizeit weniger Wert beizumessen
und mal wieder genüsslich zu arbeiten – anstatt hektisch die After-Work-Party zu planen,
damit der Tag ein Erfolg war.
90 Unsere Freizeitbedürfnisse sind ja oft repres-
sive Bedürfnisse. „In der Freizeit bündeln sich
die Gegenbilder der Arbeit: die Muße, das Feiern, das Spiel", schreibt der Philosoph Dieter
Thomä. „Es ergeht das Verdikt, dass die Zeit,
95 die man mit Arbeit zubringt, nichts anderes als
Unfreizeit, also Unfreiheit sei. Doch die Freizeit
ist gar nicht so unbeschwert, wie es scheint."
Sie stelle sich oft selber als leer heraus, sodass wir Beschäftigungen erfinden müssten,
100 um sie totzuschlagen.
Warum darf Arbeit keinen Spaß machen? Weil
die Menschen aus dem Paradies in die Wirklichkeit des Broterwerbs vertrieben wurden?
Weil ein gewisses Arbeitsethos und eine ge-
105 wisse Lustfeindlichkeit Tradition sind? Der
lustvolle und lustige Mensch, für den die Arbeit

http://www.
bange-
verlag.de/
uploads/Abi_
Trainer_BW/
finger.pdf

ein Spiel ist, scheint auch in der modernen
Wirtschaft Ängste auszulösen. Denn wer
glücklich ist, ist frei und unkontrollierbar. Viel-
110 leicht kommt daher die neue Chefmode, sich
demonstrativ um die Work-Life-Balance seiner
Mitarbeiter zu sorgen. Befahl der Chef früher,
man solle Dampf machen, ergeht jetzt der
Ratschlag: Machen Sie mal Urlaub!
115 Komisch, dass der Rat oft von Leuten kommt,
die sich selber innerlich schon in den Urlaub
verabschiedet haben. Die keine Lust mehr haben, arbeitend die Welt zu verändern. Aber
dafür Angst vor Konkurrenz. (...) Und seit der
120 amerikanische Soziologe Richard Sennett seinen Bestseller *Der flexible Mensch* schrieb,
fürchten wir uns vor plötzlicher unverschulde-
ter Arbeitslosigkeit. Doch die ist nicht nur aus
ökonomischen Gründen fürchterlich. Verlust
125 von Arbeit ist Verlust von Sinn. Ohne sie kann
ein Mensch verkümmern. Deshalb sollte man
arbeiten, solange es noch Spaß macht. Und
wenn die Lebensberater einem einreden wollen, dass man sich jetzt unbedingt aktiv
130 ausruhen müsse – dann sagt man: Nein danke, ich arbeite lieber. Und ausruhen kann ich
mich, wenn ich tot bin.

Aus: Die Zeit Nr. 45 vom 31.10. 2012

6. Schriftliche Form (neue Aufgabenstellung ab 2013)

6.1 Einleitung (10 Minuten; ½–1 Seite)

- zum Thema/Problem hinführen (nur 1–3 Sätze!)
- Verfasser, Titel, Art des Textes
- Quelle, Datum, Anlass des Textes
- Thematik / Problemkern
(2 Zeilen frei)

BEISPIEL   **Beispiel einer Schüler-Lösung (visualisiert):**
*Es gibt viele Tugenden, die den Deutschen, vor allem im Ausland, nachgesagt werden.
Für die Welt sind Deutsche pünktliche und ernste Leute, doch hauptsächlich Arbeiter im
Sinne von Workaholics. Disziplinierte, motivierte, hart arbeitende Menschen. Nicht zuletzt*

deshalb gab es in Deutschland bereits mehr als ein Wirtschaftswunder. Die deutschen „Arbeiter" gingen in ihrer Tätigkeit auf und waren hochzufrieden, doch genau dies ändert sich heutzutage. Die Arbeit ist das notwendige Übel und in der Freizeit findet man die Zufriedenheit. In ihrem Kommentar „Ich habe auch Spaß!", der am 31.10.2012 auf der 33. Seite der 45. Ausgabe der Wochenzeitung „Die Zeit" erschien, stellt Autorin Evelyn Finger die Frage, weshalb heutzutage niemand Spaß, Glück und Zufriedenheit durch die Arbeit erfahre. Die Autorin geht auf diese Entwicklung des gesellschaftlichen Blicks auf die Arbeit ein und gibt einen Einblick in ihre ganz persönlichen Gedankengänge.

6.2 Erste Aufgabe (60 Minuten; 2–3 Seiten)

ÜBUNG

Aufgabenstellung: „Arbeiten Sie die Aussagen der Autorin heraus; berücksichtigen Sie dabei, wie sie den Text gestaltet hat."

– Einleitende Sätze
– Aussagen der Autorin mithilfe der Argumentationsstruktur
– Aussagen der Autorin durch Konjunktivbildung
– Inhalt (hier ohne farbliche Hervorhebung)
– Erläuterung der sprachlichen Mittel
– **Sprachliche Mittel** (Fettdruck): Diese zur Interpretation nutzen, also erklären, in welcher Weise die Stilmittel der Aussage des Textes dienen. Beleg der sprachlichen Mittel durch Zitate

BEISPIEL

Beispiel einer Schüler-Lösung (visualisiert):

Zu Beginn ihres Kommentars stellt die Autorin die Arbeit und den Feierabend als Gegenposition gegenüber. Im Sinne der bislang vorherrschenden Trennung der zwei Positionen dürfe man das Geldverdienen und die eigenen Freizeitaktivitäten sich nicht berühren oder gar fusionieren lassen. Es sei also nicht gestattet, voll in seiner Arbeit aufzugehen, vielmehr solle man daran denken, dass Arbeit nicht alles im Leben ist. Dieser These stellt Evelyn Finger zugleich ihre Gegenthese gegenüber. Arbeit sei es, die einen Menschen und auch sein Leben definiere, sie sei unerlässlich in Bezug auf Erfüllung in unserem Leben auf dieser Erde. Die Autorin fragt, was so schlimm daran sei, glücklich beim Arbeiten zu sein und die Arbeit deshalb auch mit der Freizeit zu vermischen. Früher sei die Beschäftigung ja ebenfalls im Zentrum gestanden und dadurch manchmal eben auch am Wochenende oder Feierabend wichtig gewesen. Die Arbeit an sich sei bei heutigen Generationen in Ungnade gefallen. Dies sei auch der Grund für vermehrte Seminare zu Motivationszwecken. Evelyn Finger macht den Ursprung, aber auch die falsche Lösung des Problems in der strikten Trennung des Beruflichen und Privaten aus, es sei ein falsches Leitbild, diese zwei unbedingt trennen zu wollen. So zwinge man der Freizeit einen großen Druck auf, den Druck der Zufriedenheit und Erfüllung. Laut Finger seien zufriedene „Arbeiter" bei den Chefs allerdings nicht erwünscht, da diese „Arbeiter" zu unberechenbar seien. Als Fazit bestätigt die Autorin ihre bereits zuvor genannte Position, die Arbeit sei Erfüllung und ohne sie habe man keine Sinnerfüllung. Deshalb solle man in seiner Arbeit aufgehen und sie genießen.

Zur Unterstützung und Ausmalung ihrer Thesen nutzt die Autorin einige sprachliche Mittel. Die Überschrift „Ich habe auch Spaß!" ist direkt eine Emphase, durch die die Autorin ihre eigene Position noch vor Beginn des Kommentars hervorhebt. Der erste Abschnitt, der die Arbeit und Freizeit vergleicht, endet mit einer Vielzahl von Antithesen. Unter anderem werden „das Dienstliche und das Private, die Pflicht und das Spiel" (Z. 8 f.) gegenübergestellt. Diese antithetische Satzbauweise stellt den Konflikt des Beruflichen und Privaten, der den ganzen Kommentar durchzieht, gleich zu Beginn offen und eindeutig dar. Zur kurzen und klaren Darstellung der Position für die Trennung nutzt Finger die Emphase „Ordnung muss sein!" (Z. 16). Bei der Argumentation ihrer eigenen Meinung nutzt die Autorin jedoch stärkere sprachliche Mittel, wie beispielsweise die Hyperbel „unendlich mehr" (Z. 25) in Blick auf Arbeit als „Quelle des Reichtums" (Z. 26), um den Leser auf ihre Seite zu ziehen und für ihre Meinung zu gewinnen. Ihr genauer Standpunkt zur Arbeit wird mit „Arbeit ist befreiend. Arbeit ist beglückend" (Z. 31 f.) durch einen Parallelismus aufgezeigt. Zur Stärkung ihrer Argumentation an dieser Stelle nutzt sie Zitate und Werke bekannter Persönlichkeiten wie „Friedrich Engels" (Z. 20) und „Goethe" (Z. 32 f.). Die Zusammenfassung ihrer Gegenthese hingegen ist wieder kurz und knapp gehalten, wie zu Beginn durch eine Emphase, hier durch die Parenthese „- die Verherrlichung der Freizeit - " (Z. 35 f.). So hält Evelyn Finger die Gegenargumente kurz und klein und versucht den Leser durch eigene, lange und bestechende Argumente von ihrem Standpunkt zu überzeugen. Durch den Vergleich, im Büro sei sie „wie eine biedere Büromaus" (Z. 39 f.) gefangen, während sie draußen „wie ein freier Mensch" (Z. 41) arbeiten könne, wird ihre Gegenposition negativ konnotiert. Einem Argument der Gegenposition, dem die Autorin zustimmt, wird nur durch die kurze Ellipse „Ja" (Z. 53) Aufmerksamkeit zuteil. Im späteren Verlauf des Textes geht die Autorin auf Motivationsseminare ein. Deren Inhalt, das „gemeinsame[] Angeln, gemeinsame Kegeln, gemeinsame[] Panzerfahren" (Z. 63 ff.) stellt Evelyn Finger durch ein Asyndeton dar. Der von ihr später erwähnte Druck des Privatlebens wird in ihren Forderungen mithilfe von Antithesen „nach Selbstverwirklichung, aber auch Liebe; nach Ruhe, aber auch Event" (Z.83 ff.) untermalt. Das Gegenbild zur Arbeit, die Freizeit, wird noch genauer definiert als „die Muße, das Feiern, das Spiel" (Z.92 f.). Dieses Asyndeton soll zeigen, wie viel uns unsere Freizeit bedeutet, wodurch der Druck, es muss die schönste Zeit am Tag sein, auf diese entsteht. Mit der Anapher „Weil die Menschen uns dem Paradies in die Wirklichkeit des Broterwerbs vertrieben wurden? Weil ein gewisses Arbeitsethos und eine gewisse Lustfeindlichkeit Tradition sind?" (Z. 101 ff.) versucht Finger zu beantworten, weshalb Spaß und Freude in der Arbeit nicht gern gesehen sind. Diese Verrücktheit der Arbeitswelt wird durch die Aussage „Machen sie mal Urlaub!" (Z. 114) noch bekräftigt. In ihrem Fazit verurteilt die Autorin nochmals ihre Gegenposition, auch mithilfe des Oxymerons „aktiv ausruhen" (Z. 129 f.) als Tipp von Lebensberatern. Den ganzen Kern ihres eigenen Standpunktes bringt sie durch den Parallelismus „Verlust von Arbeit ist Verlust von Sinn" (Z. 124 f.) auf den Punkt.

6.3 Zweite Aufgabe (50 Minuten; 2–3 Seiten)

ÜBUNG

> Aufgabenstellung: „Setzen Sie sich kritisch mit den Argumenten der Autorin auseinander."

– Einleitender Satz
– Stellungnahme zur Meinung der Autorin: 4–5 Argumente aus dem Text zusammenfassend benennen, z.T. mit Zitat oder Inhaltszusammenfassung, und dann kritisch Position beziehen. Besonders Argumente herausgreifen, bei denen man eine Gegenposition bezieht!

BEISPIEL

Beispiel einer Schüler-Lösung (visualisiert):

In der Argumentation Fingers sind einige überzeugende Ansätze zu finden, die noch ausgebaut werden können, doch neben einigen Schwachpunkten gibt es auch Positionen, die der Autorin widersprechen.

Evelyn Finger argumentiert beispielsweise, dass Arbeit uns erfüllt und es Momente gibt, in denen man komplett versunken ist und so auch glücklich. Dieses Argument wird noch unterstützt durch den von der Autorin nicht genannten Effekt „nach getaner Arbeit". Denn nicht nur die Arbeit an sich, sondern auch der Stolz, den man danach empfindet, löst Glücksgefühle aus. Wenn einem bewusst wird, was man alleine geschaffen hat, ist man unvergleichlich erfüllt und zufrieden.

Ein Argument Evelyn Fingers, zu dem man eine Gegenargumentation aufstellen kann, ist ihre Beschreibung der Vorteile der Arbeit von zu Hause oder im Freien. Sie schwärmt von schönem Wetter und der Ruhe, vergisst jedoch die Nachteile. So ist das Hilfe-Einholen eines Kollegen ein deutlich schwierigerer und auch längerer Prozess, wenn man nicht im Büro arbeitet. Außerdem erschwert es dem Chef bzw. Abteilungsleiter seine Mitarbeiter zu überprüfen und ihre Fortschritte zu beobachten, doch gerade dies ist in einer Ökonomie wie unserer, in der Zeit ein entscheidender Faktor ist, extrem wichtig. Zudem ist die Bearbeitungskette einer Aufgabe oder eines Auftrages länger bzw. dauert es länger, bis diese abgeschlossen ist, wenn alle nötigen Arbeiter von einem anderen Ort aus, womöglich auch noch zu verschiedenen Zeiten, arbeiten. Auch die Argumentation der Autorin in Bezug auf den immer größeren Freizeitstress kann entkräftigt werden. Beispielsweise sind die von ihr erwähnten Events nach jedem Arbeitstag eine reine Behauptung. Viele Beschäftigte ruhen sich nach einem Arbeitstag zu Hause aus, die großen Freizeitbeschäftigungen werden am Wochenende abgehalten. Doch selbst bei einer Aktivität am Arbeitstag ist dies nur als Ausnahme zu sehen, da man davon ausgehen kann, dass dies an den restlichen vier Arbeitstagen nicht nach der Arbeit geschieht. Auch das genannte aktive Erholen ist eher Ausnahme als Regel. Die meisten Arbeitnehmer gehen nach Hause, um nach der Arbeit Zeit mit ihrer Familie zu haben und haben keine besondere, vor allem sportliche Aktivität, geplant, um sich aktiv zu erholen.

6.4 Dritte Aufgabe (100 Minuten, 5–7 Seiten)

ÜBUNG

Aufgabenstellung: „Erörtern Sie, über den Text hinausgehend, inwieweit heutzutage Selbstverwirklichung im Arbeitsleben möglich ist."

– Einleitender Satz / Schluss-Satz
– Erörterung

BEISPIEL

Beispiel einer Schüler-Lösung (visualisiert):

Eine Frage, die man sich gerade, nachdem man Evelyn Fingers Kommentar gelesen hat, stellt, ist, ob und wenn wie eine Selbstverwirklichung in der Arbeitswelt noch möglich ist. Evelyn Finger befasste sich ebenfalls mit dem Problem, dass immer mehr Menschen unglücklich und unerfüllt durch ihre Arbeit sind. Doch gibt es in der heutigen Zeit beim immer härter werdenden Arbeitsmarkt überhaupt noch die Möglichkeit sich selbst zu verwirklichen? Eine Bedingung für die Selbstverwirklichung ist, zumindest bei Angestellten, eine dies ermöglichende Firma. Es ist in großen Unternehmen nicht unüblich Projekte oder Wettbewerbe anzubieten. Ein Beispiel hierfür ist ein Wettbewerb, bei dem ein Angestellter einen Preis erhält, wenn er eine Möglichkeit findet, im Unternehmen Geld zu sparen, sprich den Arbeitsablauf zu optimieren. Dadurch ist den Mitarbeitern eine firmeninterne Plattform geboten, auf der sie sich kreativ austoben können. Eine Firma hat also die Chance, durch verschiedene Wettbewerbe, Projekte oder andere Möglichkeiten der Entfaltung ihre Angestellten glücklich zu machen, sprich ihnen zu helfen, sich selbst zu verwirklichen. Als Arbeitnehmer wiederum gibt es die Möglichkeit neben dem Beruf eine weitere freiwillige Tätigkeit auszuführen. Neben eigenen Errungenschaften ist es vor allem Hilfe für Andere oder ein Dienst an der Öffentlichkeit und Gemeinschaft, der erfüllen kann. Landesweit gibt es verschiedene Möglichkeiten, mit denen man helfen kann. Ob man Obdachlosen hilft oder einer Gemeinde als freiwilliger Feuerwehrmann oder Fußballtrainer, ist zweitrangig, solange man hilft und sich dadurch auch selbst besser fühlt. Auch bei diesen Aktivitäten ist an der einen oder anderen Stelle ein nachsichtiger Chef nötig, sobald einige Termine miteinander kollidieren. Unter dem Aspekt der Hilfsbereitschaft bleibt außerdem die Möglichkeit schon bei der Berufswahl umsichtig zu sein. Im Sinne der Selbstverwirklichung denkend ist es möglich, sich nur in Branchen und bei Unternehmen zu bewerben, die sich mit der eigenen Moral decken. Es gibt schließlich einen Unterschied zwischen einem in Dritte-Welt-Ländern produzierenden Unternehmen und einem, das unter fairen Arbeitsbedingungen und fairer Bezahlung produziert. Diese moralischen Standards können auch bei der Berufs- und nicht nur der Firmenwahl einfließen. Anstatt Ingenieur in der Rüstungsindustrie zu werden, kann man sich beispielsweise einen Job in der Medienbranche suchen. Ein großer Punkt der Selbstverwirklichung auf dem heutigen Arbeitsmarkt hängt also von moralischen Grundsätzen und Belangen ab. Im Sinne dieses Punktes bleibt noch zu sagen, dass man also die Möglichkeit finden muss in einer Firma zu arbeiten, die ethisch höhere Ziele verfolgt, also den Umweltschutz oder die Verbesserung der Arbeitsbedingungen, oder ein Unternehmen davon überzeugen muss, diese Ziele zu verfolgen.

Die Selbstverwirklichung durch solch moralische Aspekte zu erfüllen ist unter dem Strich in der heutigen Arbeitswelt nicht möglich, da Unternehmen bei der großen Konkurrenz nur auf die eigene Wirtschaftlichkeit schauen und so die höheren Ziele erst gar nicht ins Auge fassen. Selbstverwirklichung ist allerdings nicht nur durch Hilfe für Andere zu erreichen, ebenso ist die Erfüllung in eigenen Erfolgen und Errungenschaften zu finden. Für Erfolge im Beruflichen ist eine gute Bildung bzw. Ausbildung heutzutage unerlässlich. Somit wird also der erste Schritt zur Erfüllung im Leben bereits sehr früh gelegt. Dank des guten Bildungs- bzw. Weiterbildungssystems in Deutschland ist es allerdings auch nach einem Abschluss, während man bereits im Berufsleben steht, möglich, sich weiterzubilden. Durch diese Möglichkeit der Weiterbildung hat also jeder, egal in welcher Lebenssituation, die Chance, den eigenen Horizont zu erweitern und sich so selbst zu verwirklichen. Somit eröffnet sich die Möglichkeit, verschiedene Karriereleitern zu erklimmen und so Ehrgeiz und Aufgabe im Leben zu haben.

Die meiner Meinung nach größte der wenigen Möglichkeiten, sich heute selbst zu verwirklichen, ist allerdings eine Firmengründung. Natürlich ist dies in der heutigen wirtschaftlichen Lage ein schwieriges Unterfangen, aber nicht von allein nennt man die Firma einer Person umgangssprachlich auch dessen Lebenswerk. Der größte Vorteil eines eigenen Unternehmens aus Sicht der Selbstverwirklichung ist, dass man die Chance hat, nicht nur Erfolge und Errungenschaften zu erlangen, sondern auch seinen eigenen moralischen Kompass und die eigenen Grundsätze zu etablieren. Was kann denn auch mehr erfüllen als eigene Ideen und Strukturen in die Welt zu bringen, öffentlich zu machen und damit auch noch erfolgreich zu sein und Geld zu verdienen. Es ist extrem schwierig geworden, sich heutzutage beruflich selbst zu verwirklichen, privat hingegen hat sich nichts geändert, da man seine Selbstverwirklichung in diesem Bereich durch Familie und Kinder erreicht. Dennoch, trotz schwieriger Bedingungen, streben fast alle Menschen nach der Selbstverwirklichung, ob privat oder beruflich.

6.5 Schluss (20–30; 1–2 Seiten)

Ähnlich einer Synthese bei einer dialektischen Erörterung
– eigene Position/Abrundung
– Aktualisierung

BEISPIEL

Beispiel einer Schüler-Lösung (visualisiert):
Aus dem Blickwinkel der Menschheitsgeschichte ist schon immer zu beobachten gewesen, dass der Mensch sein Glück sucht. Ab dem Zeitpunkt der klassischen Lebensaufteilung in beruflich und privat gab es immer mehr Möglichkeiten, sein Glück zu finden – oder eben nicht zu finden. Dennoch entdeckten die Menschen die Möglichkeit, in ihrer Arbeit aufzugehen und taten dies – bis vor kurzem. Bis zur strikten Teilung von Arbeit und Privatem und dem Statusverlust der Arbeit. Es ist neu, dass die Arbeit zum unbeliebten, aber nötigen Geldverdienen verkommen ist. Diese Entwicklung nimmt stetig von Generation zu Generation zu und immer mehr Menschen sind unzufrieden mit und bei ihrer Arbeit. Allerdings gibt es, wie auch der Kommentar von Evelyn Finger zeigt, Möglichkeiten voll im

Beruf aufzugehen und diesen zu lieben. Diese Möglichkeiten müssen genutzt und gefördert werden, um auch in Zukunft glückliche und zufriedene Mitarbeiter, Kollegen, Menschen und Freunde zu haben.

6.6 Durchlesen/Puffer wegen zahlreicher Verschiebungen (30–40 Minuten)

Die ganze Arbeit zwei- bis dreimal durchlesen, besonders auf die eigenen Fehlerquellen (Kommasetzung, Rechtschreibung, korrekte Konjunktive in der 1. Aufgabe usw.) achten!

6. Tipps zu den einzelnen Abi-Aufgaben

Vielleicht bist du ein Typ, der sich gerne alles anhört und nicht unbedingt liest. Oder der jetzt mal schnell einen Überblick über die Abi-Aufgaben geboten haben möchte. Kein Problem – ich liefere!

Vor einiger Zeit produzierten wir unsere erste FT-Sendung mit dem damaligen Team. Alle Beteiligten sind schon längst im Studium und haben vermutlich den Bachelor erfolgreich gepackt. Auch wenn damals vieles noch nicht so ausgereift war wie heute, hier der Link zur Sendung (ca. 15 Minuten), in der du einen Überblick über die Aufsatzarten im Abi mit einer sehr persönlichen Wertung von mir geboten bekommst.

Achtung, das ist sehr, sehr subjektiv, dein Deutschlehrer zählt, nicht ich. Die „Literarische Erörterung" gibt es jetzt (seit 2013) nicht mehr. Die war wirklich zum Vergessen, dafür werden jetzt Kurzgeschichte und Gedichtvergleich als Möglichkeit im Abitur geboten. Der Lehrer sucht nichts mehr aus!

Auch wenn diese Sendung Nostalgie-Charakter hat, die Pflichtlektüre eine ganz andere jetzt ist, an der grundsätzlichen Einschätzung hat sich nichts geändert. Ich vertrete weiterhin meine ganz persönliche Gewichtung einzelner Aufsatzarten im Deutsch-Abitur. Hier ist der Link:

→ https://www.youtube.com/watch?v=UAILwbfYe3U&list=PLTqsV0iCqkHkfb9MwcU-bMMhEFB-NcKfu&index=1

Schau dir doch diese kurze Sendung an und überlege strategisch, welche Aufsatzart dir am ehesten liegt. Baue das Urteil deines Deutschlehrers, meine Gewichtung und deine Sicht von deinen Deutsch-Fähigkeiten zusammen. Dann gehe mit Zuversicht ins Deutsch-Abi und blättere nicht wie blöd ab 8 Uhr in den Aufgabenblättern, sondern schlage sofort deine Aufsatzart auf, schau, ob's passt, und leg los. Zieh dein Ding durch ohne nur einen Gedanken an Alternativen zu verschwenden. Deine gesamte Energie gehört der gewählten Aufsatzart!

Passt die gewählte Aufsatzart nicht, schlag' die Alternative auf, die du dir vorher überlegt hast. Aber jetzt beginnt das erste Warnsignal zu leuchten, mach jetzt nicht einen auf „schnäkig" (wählerisch), jetzt muss echt was laufen.

Wenn Plan B auch eine Niete ist, dann hast du schlechte Karten, dann blättere in den Aufgaben, vielleicht kommt die Erleuchtung, eher aber die Verzweiflung!

Hier ganz kurz für dich die aktuelle Aufgabenübersicht:

Aufgabe I	Interpretation zur Pflichtlektüre
Aufgabe II	Textinterpretation/Lyrik
Aufgabe III	Textinterpretation/Prosa
Aufgabe IV	Essay
Aufgabe V	Texterörterung/Textanalyse

Unkommentierte Ausgaben **aller** Pflichtlektüren:
– Georg Büchner: „Dantons Tod"
– Max Frisch: „Homo faber"
– Peter Stamm: „Agnes"
Diese Angaben findest du vorne auf deinem Aufgabenblatt für Deutsch.

7. Mündliches Abitur/Präsentationsprüfung

Ich marschiere mit dir ziemlich zackig durch dein Abi-Jahr. Das schriftliche Abitur liegt hinter dir. Die Stunde der Wahrheit hat geschlagen, du bekommst deine schriftlichen Ergebnisse mitgeteilt und das vom Fachausschussvorsitzenden für dich ausgewählte Thema und jetzt geht's los. Es gilt: Gib alles! Aber wir zwei fangen zunächst weiter vorne an...

Um den Termin des schriftlichen Abiturs herum müssen die vier Themen für die Präsentationsprüfung abgegeben werden. Ich treffe mich deutlich (!) vorher immer mit den Prüflingen abends in der Schule und wir überlegen gemeinsam, welche Themen Sinn machen, wobei jeder jedem bei der Auswahl hilft. Die Schüler sollten sich mindestens fünf Themen zu Hause schon überlegt haben: Meistens sind ein oder zwei Themen nicht machbar oder strategisch dumm! Ich persönlich rechne pro Schüler dreißig bis vierzig Minuten. Naja, sie sind so wie du vermutlich auch: Viel wurde sich bei den fünf Themen vorher nicht gerade überlegt, das Schriftliche liegt als Angstberg deutlich näher.

Wovor ich dich aber wirklich warne, das ist, die Präsentationsprüfung auf die leichte Schulter zu nehmen, bis zum letzten Tag der Abgabe zu warten, dann das Lehrerzimmer zu belagern, um deinem Fachlehrer deine Themen-Erleuchtungen unter die Nase zu halten, und dies – allein fühlt man sich ja so einsam – mit zehn anderen! Und wenn es dann richtig blöd läuft, lehnt dein Fachlehrer aus gutem Grund die in einer Schulpause hingeschmierten Themen ab. Ich übertreibe null, sondern beschreibe vor dem Lehrerzimmer Erlebtes! Das Blöde kann dann zum Saublöden werden, wenn „nullige" Themen auf Realschul-Niveau vom Fachausschussvorsitzenden abgelehnt werden. Dann geht alles von Neuem los, nur unter extremem Zeitdruck! Auch hier spreche ich nicht wie ein Blinder von der Farbe!

TIPP Bei dir soll es anders laufen? Dann berücksichtige ein paar **Tipps**:

– In meinem Fach Religion müssen zwei Unterrichtseinheiten von vier abgedeckt sein. Wie viele Themen von jeder Einheit ist egal, auf jeden Fall am Ende vier Themen mit einer kurzen Gliederung (bei mir meist drei Punkte). Diese Regelung praktizieren eigentlich alle Kollegen, die ich kenne, gleichgültig, ob evangelisch oder katholische Religion.
– Jetzt kommt ein wichtiger Hinweis: Die Gliederung auf dem Themenblatt ist für die Prüfung nicht bindend, nur das Thema! Dennoch sollte in deinem Interesse die Gliederung durchdacht sein.
– Kein Thema der Uferlosigkeit, bei dem du in der Prüfung das rettende Ufer nie erreichst!
– Dein Thema sollte klar umrissen sein, aber mit deutlichen Möglichkeiten der Vertiefung. Wenn bei Thema und Gliederung nur Wikipedia grüßt, aber nicht mehr, dann hat das nichts mit einer Abiturprüfung zu tun. Dein Thema muss mehr als eine Wikipedia-Zusammenfassung sein!

– Ziemlich verwegen ist das Gerücht, das erste Thema auf der Liste werde vom Fachausschussvorsitzenden mit einer gewissen Wahrscheinlichkeit gewählt. Also ist man besonders schlau und stuft ab, sodass am Ende der eingereichten Themenliste das kommt, was man nicht will und von dem man auch kaum Ahnung hat. Ich habe in den letzten Jahren meist die Themen drei und vier gewählt – nicht immer zur Beglückung des Prüflings! Mein Kriterium: Ich wähle das Thema, von dem ich nur geringe Ahnung habe, also etwas lernen kann, und bei dem meine Fragen dann auch aus echtem Interesse und kritischem Zuhören gestellt werden.

Ich fasse zusammen: Mach dir wirklich Gedanken über die Themen und sprich deutlich vor dem Abgabetermin in Ruhe mit deinem Fachlehrer!

Zeitsprung: Deine Themen stehen, das Blatt wurde von dir und deinem Fachlehrer unterschrieben und abgegeben. Hier wieder ein paar **Tipps**:

TIPPS

– Fange nach dem Schriftlichen an, zu jedem Thema Sekundärliteratur zu suchen, die Links zu notieren, wie bei der Feuerwehr sich alles parat zu legen. Du musst aber noch nicht alles ausgedruckt und kopiert haben, aber einsatzbereit sein!
– Wenn du in der Prüfung etwas vorstellen willst, wozu du Interviews oder Fotos machen musst, mache diese unbedingt vor dem Verkündigungstermin deines Themas. Du hast dann nur noch eine Woche, da fehlt wirklich die Zeit Interviewtermine auszumachen, auf Sonne für die Fotos zu warten usw. Das alles muss vorher stressfrei gelaufen sein.

WARNUNG

Und jetzt kommt eine **Warnung für schwächere Schüler**: Wenn das Schriftliche daneben lief, musst du möglicherweise zusätzlich mündlich in das entsprechende Fach, um das Abitur zu packen. Diese Prüfung ist dann keine Präsentationsprüfung, sondern eine traditionelle mit Text und zwanzig Minuten Abfrage – möglicherweise aus den gesamten zwei Schuljahren! Und wenn du im Schriftlichen so richtig in den Unterkurs-Bereich in zwei Fächern gegriffen hast, dann sind es plötzlich zwei Zusatzprüfungen, also drei Prüfungen insgesamt. Dann sieht es ziemlich schlecht um dich aus. Vor zwei Jahren mussten acht Prüflinge in Zusatzprüfungen, da ging es mindestens achtmal Spitz auf Knopf. Aber alle haben's gepackt!

Zeitsprung: Wir sind wieder einen Schritt weiter. Die Stunde der Wahrheit liegt hinter dir, du kennst dein Thema, du hast nur eine Woche Zeit. Jetzt bewährt sich, wenn alles feuerwehrmäßig bereit liegt, denn nun ist Präsentationsalarm! Es ist eine Präsentationsprüfung, da steckt das Wort „Präsentieren" drin! Es genügt nicht, eine Folie vom Porträt eines Religionskritikers auf den Tageslichtprojektor zu legen, und das war schon der gesamte Medieneinsatz: Einfach nur eine peinliche Nummer und einem Abiturienten unwürdig, aber ich habe es schon als Fachausschussvorsitzender erlebt. Als ich in der Begründung der Note sagte, der Medieneinsatz sei wohl auf Realschul-Niveau, entging ich knapp einer Beleidigungsklage.

TIPPS Ich sage dir jetzt klipp und klar, was ich von meinen Prüflingen erwarte und gebe dir wieder **Tipps**:

– Eine differenzierte, mehrseitige Tischvorlage mit einem ausführlichen Quellenverzeichnis

– Am Flipchart, an einer Figur, an der Tafel oder an einer anderen Stelle im Raum eine visualisierte Gliederung, an der immer wieder der Referatsstand (Pfeil) gezeigt wird.

– Alle Präsentationen bei mir sind am Activboard, unsere Schule bietet den Prüflingen in allen Prüfungsräumen diesen Service! Das Activboard musst du aber unbedingt beherrschen. Wenn du es vorher nicht geübt hast, lass die Finger davon!

– Überlege dir Anschauungsmaterial, das du mitbringen, basteln, kaufen usw. kannst.

– Trainiere die Präsentationsprüfung mit der Stoppuhr: Zielvorgabe neun Minuten, dann hast du noch eine Minute Luft, wenn etwas nicht klappt. Nach elf Minuten ist aber Schluss mit Überziehen!

– Wenn du kurze Film-Sequenzen auf dem Internet in deine Präsentation einbaust, speichere diese Sequenz unbedingt auf einem Stick ab. Es ist „russisches Roulette" bei der Prüfung ins Internet gehen zu müssen. Das ist viel zu riskant. Überlege dir aber, dass diese Sequenz kaum länger als dreißig Sekunden sein darf, es ist eine Präsentationsprüfung und kein Kino!

– Übe zu Hause alles mehrfach – auch vor Zuhörern: Mama, Papa, Oma, Tante usw. Deute auch vor ihnen auf das, was du zeigst. Bewege dich, gehe immer wieder an die Gliederung und signalisiere, wo du gerade stehst. Übe – wie ein Drehbuch – jeden Schritt, jeden Griff, jedes Ein- und Ausschalten und stoppe ständig die Zeit, auch bei deiner Familien-Präsentation.

– Und noch einen Activboard-Tipp: Schau dir ein paar Tage vor der Prüfung deine Farben auch am Activboard an. Aus Erfahrung weißt du, Farben auf dem Monitor sind nicht gleich Farben am Activboard. Pass auf, da kann es einige Überraschungen geben.

– Versuche, dass du deine Präsentation zwei, drei Tage vor dem Termin in der Schule irgendwo ausprobieren kannst. Bitte jemanden, sich in die Raummitte oder noch weiter hinten zu stellen und zu überprüfen, ob auch alles lesbar ist, z.B. schwarze Schrift vor blauem Hintergrund, das kannst du vergessen! Nebenbei: In dieser Phase sind fachliche Hilfen durch den Fachlehrer verboten!

– Teste auch die Magnete, ob sie wirklich das Gewicht deiner Plakate an der Tafel halten. Teste wirklich alles!

– Habe bei Powerpoint, aber auch beim Activboard für Notfälle Folien dabei, um bei extrem negativen Überraschungen die Prüfung noch zu retten. Ich selbst habe solche Situationen trotz vieler Prüfungen aber noch nie erlebt!

– Nimm Freund oder Freundin zum Prüfungstermin mit. Erstens kann er/sie dich beruhigen. Zweitens, und das ist wichtig, kann er/sie dir beim Vorbereiten helfen. Du bist mega-nervös, dann solltest du noch eine halbwegs ruhige Person beim Aufbau haben, falls dieser recht kleinteilig sein sollte. Die Vorbereitungszeit beträgt an unserer Schule zwanzig Minuten.

„No-go"-Erlebnisse aus Präsentationsprüfungen als Fachausschussvorsitzender:

- Der Prüfling, du kennst ihn ja von vorhin bereits, legt also seine Folie mit dem Bild eines Religionskritikers auf, es kommt ein Windstoß, die Folie flattert davon. Kommentar: „Nicht schlimm, Sie haben ja das Bild schon gesehen!" Dann liest er rund zehn Minuten etwas vor, dem ich kaum folgen kann, da es aus einem Philosophiebuch vermutlich abgeschrieben oder aus dem Internet runtergeladen ist. Zur Gliederung meint er nur: „Die steht auf meiner Tischvorlage!" Auf Rückfragen von mir, liest er mir wieder erneut die nachgefragte Stelle vor, keinerlei Fähigkeit, den Prüfungsstoff selbständig darzustellen. Ich denke nur: „Wohl im falschen Film!" Entsprechend ist dann auch mein Notenvorschlag!
- Ein Prüfling klebt wie wild irgendwelche Plakate an die Tafel und liest den Text der Plakate vor, viel mehr kommt aber auch nicht. Dieses Spiel geht fast die ganze Präsentationszeit. Da es ein Spezialgebiet ist, kenne ich mich darin wenig aus, also frage ich all die Plakate ab, die ich nicht verstanden habe. Prüfling irritiert ob solcher Fragen, er liest mir erneut den Text des Plakates vor. Ich bitte den angehenden Abiturienten mir nur die Worte zu erklären, da diese Fachausdrücke mir unbekannt seien, peinliche Stille und ähnlich peinlich geht es dann auch weiter.
- Ein Plakat wird an die Tafel gehängt. Darauf ist irgendein Foto zu sehen, daneben steht etwas Handgeschriebenes, aber so klein, dass man es aus zwei bis drei Metern Entfernung nicht lesen kann. Dann wird ein DIN-A-4-Blatt-Text vorgelesen – ohne nur einen Hauch von Bezug zu dem unlesbaren Plakat herzustellen. Das war der Präsentationsteil der Prüfung!
- Ein eher schwacher Prüfling ist nach sechs Minuten schon fertig, Kommentar: „Boah, ging das schnell, das hätte ich aber nicht gedacht!"
- Gegenteil: Schülerin präsentiert wie eine Wilde. Nach elf Minuten wird die Kommission unruhig, nach zwölf Minuten wird der Präsentationsteil abgebrochen, verzweifelter Schüler: „Das war doch nur der erste Teil, es fehlt mir noch die Hälfte!"

Nun gebe ich dir eine Liste mit Präsentationsprüfungen (Videos), geordnet nach Fächern. Fast alle Prüflinge hatte ich in einem meiner drei Fächer, aber die Prüfungen selbst sind verschiedene Fächer von verschiedenen Lehrkräften.

Noch etwas ist mir sehr wichtig: Die Prüfungen sind gestellte Prüfungen vor der Videokamera *nach* der offiziellen Prüfung – mal besser, mal schlechter als die Prüfung selbst. Wir treffen uns dann immer am Ende der Abitur-Prüfung und jeder zeigt vor der Video-Kamera seinen Präsentationsteil. Diese zwei bis drei Stunden zeigen wunderbar entspannte Abiturienten. Alle hatten gute, meist sehr gute Präsentationsprüfungen hingelegt. Abi-Feiern und Abi-Ball liegen vor ihnen. Sie sind glücklich, einfach tief glücklich und erleichtert. Sie haben es geschafft! Diese Stunden gehören zu den schönsten meines Schuljahres, beglückend für Lehrer und Schüler!

BEISPIEL **Beispiele von Präsentationsprüfungen**

Unterrichtsfach	Thema/Link/Jahr	
Biologie	Chimären, 2009 https://www.youtube.com/watch?v=r-MYnk1Oqjg	
	Schilddrüse/Euthyrox, 2012 https://www.youtube.com/watch?v=HKc3xMbidbs &index=1&list=PLC8A22A834936268F	
Deutsch	Medienkommunikation, 2011 https://www.youtube.com/watch?v=Ov_qevVLZQE	
Englisch	Gender equality at work, 2012 https://www.youtube.com/watch?v =OfgX6r2cmHs&list=PLgGIkOSoO_ stkrb8hqEiAXGg7lo0aVQcf&index=6	
Ethik	Das Glück, 2011 https://www.youtube.com/watch?v=RKO5_U7t62k	
	Gibt es im Leben ein vollkommenes Glück? 2012: https://www.youtube.com/watch?v=TQi8dNeMIP0 &index=2&list=PLC8A22A834936268F	
Geschichte	Aufhebung der Wehrpflicht, 2013 https://www.youtube.com/watch?v=Tcvzl_ yz35c&index=9&list=PLgGIkOSoO_stkrb8hqEi- AXGg7lo0aVQcf	
Informatik	Datenbank: Krankenhausverwaltung, 2013 https://www.youtube.com/watch?v=dU0HaZYh6N 8&index=5&list=PLgGIkOSoO_stkrb8hqEiAXGg- 7lo0aVQcf	

Unterrichtsfach	Thema/Link/Jahr	
	Datenbank: Fußball, 2013 https://www.youtube.com/watch?v=m2RNANY97 v0&index=7&list=PLgGIkOSoO_stkrb8hqEiAXGg-7lo0aVQcf	
Religion, ev.	Der Glaube als existentielle Notwendigkeit, 2011 (mit Kolloquium) https://www.youtube.com/ watch?v=BWt4rmjh2go	
	Der Wille zwischen Freiheit und Gebundenheit, 2011 (mit Kolloquium) https://www.youtube.com/ watch?v=yxLIUJ0QMnQ	
	Religiöse Elemente im Sport (Leistungssport/Fechten), 2012 https://www.youtube.com/watch?v=PBodD4sN3XU &index=3&list=PLC8A22A834936268F	
	Matrix, 2012 https://www.youtube.com/watch?v=jqKVEM-1f9w& index=4&list=PLC8A22A834936268F	
	Kinderhospiz als christliche Sterbensbegleitung, 2013 https://www.youtube.com/watch?v=zw_uYgYrVV l&index=8&list=PLgGIkOSoO_stkrb8hqEiAXGg-7lo0aVQcf	
	Kindergottesdienst, 2014 https://www.youtube.com/watch?v=cu5_2AqI4Z4 &list=PLgGIkOSoO_sudjAjpkz4r5panWCaBocJY&i ndex=2	
Religion, kath.	Frauen in der Kirche, 2011 https://www.youtube.com/watch?v=LtN6ia0QcYs	
	Johanna von Orléans, 2012 https://www.youtube.com/watch?v=ZZgBVmjUYvo &index=5&list=PLC8A22A834936268F	

Unterrichtsfach	Thema/Link/Jahr	
	Passion und Auferstehung Christi, 2012 https://www.youtube.com/watch?v=C0hmDkat5NU &index=6&list=PLC8A22A834936268F	
Spanisch	La influencia cultural de los Arabes en Andalucia, 2013 https://www.youtube.com/watch?v=hqefh1fOFW s&index=3&list=PLgGIkOSoO_stkrb8hqEiAXGg- 7lo0aVQcf	
Sport	Fechten: Ein Sport mit hohen Anforderungen, 2013 https://www.youtube.com/watch?v=NmouDhnp9 yg&index=2&list=PLgGIkOSoO_stkrb8hqEiAXGg- 7lo0aVQcf	
	Psychische Aspekte/Leistungssport, 2014 https://www.youtube.com/watch?v=76FiGTkdGwU &list=PLgGIkOSoO_sudjAjpkz4r5panWCaBocJY&i ndex=3	

Ermutigungsrede einer Schülerin

Auch wenn Julia Kaiser 2013 die Scheffelpreis-Rede hielt, das hier ist nicht die Preis-Rede, sondern ein Auszug aus ihrer Psychologie-Klassenarbeit, den ich mit ihrer Zustimmung veröffentlichen darf.

Die Aufgabenstellung steht jeweils darüber, insgesamt bestand die Klassenarbeit aus vier Aufgaben. Ziel der Klassenarbeit war es, das im „Stärken-Seminar" Gelernte auf den Schulalltag in realistischen Szenarien zu übertragen, um nicht nur in der Klassenarbeit zu punkten, sondern vieles auf die eigene Situation der Abi-Verzweiflung zu übertragen und sich so selbst genau an diesem Punkt Mut und Stärke zuzusprechen. In Rückblick auf Klassenarbeit und Abitur ist beides gelungen!

ÜBUNG

Aufgabenstellung: Dem Handeln eine Richtung geben/Rede
Ronja, der kritische Geist, erkennt in psychologischer Klarheit das Verpeiltsein ihrer Mit-Abiturienten. Mag dies auch ein Stückweit Projektion sein, auf jeden Fall wird Ronja von der Schulleitung beauftragt, vor allen Abiturienten in der Aula einen packenden Vortrag zu halten, damit die Orientierungslosigkeit in ihrer Stufe schnellstmöglich ein Ende hat. Julia K. verspricht Ronja, ihr in Blick auf klare Strukturen zu helfen. Formuliere die Rede des Doppelpacks, sodass die verpeilten Abiturienten am Ende ihrem Handeln eine Richtung zu geben wissen.

BEISPIEL

Liebe Mitabiturienten und -abiturientinnen,
wir stehen bald alle vor dem gleichen Problem: Was sollen wir nun tun nach dem Abi? Einige denken sich nun, klar, ich weiß das doch eh schon: studieren. Andere wollen vielleicht ein Jahr ins Ausland und wieder andere haben glücklicherweise schon einen Ausbildungsvertrag. Dann kann ich ja jetzt chillen, das Gerede über mich ergehen lassen – Hauptsache: kein Unterricht!
Mag sein, dass ihr wisst, was direkt nach dem Abi auf euch zukommt, aber es wird nicht die letzte Entscheidung gewesen sein, die ihr treffen müsst. Deswegen empfehlen wir euch trotzdem zuzuhören und den einen oder anderen Ratschlag im Hinterkopf zu behalten. Dann denkt ihr in zehn Jahren an das „Geschwätz" von heute und seid froh, dass ihr dabei wart.
Doch was ist eigentlich in zehn Jahren? Wo willst du ganz persönlich in zehn Jahren stehen? Was willst du erreicht haben? Jetzt grübelt vielleicht jeder, überlegt und hat einen Wunsch. Einen Wunsch, der zu eurem Ziel wird, ein Ziel, eine Vision, die ihr unbedingt erreichen wollt.
Ihr seht also, zu aller erst müsst ihr euch ein Fundament schaffen, eine sogenannte Vision, auf die ihr hinarbeiten wollt. Und dieser Weg ist gepflastert mit vielen Entscheidungen.

Ihr werdet auf kleine und große Entscheidungen stoßen und doch hat jede einzelne ihre Wichtigkeit und jede bringt euch eurem Ziel ein Stück näher. Doch woher weiß ich, welches die richtige Entscheidung ist? Ihr kennt das bestimmt alle, für manche Entscheidungen grübelt man stunden-, tage-, wochenlang und andere wiederum trifft man schnell und ganz spontan. Was ist nun richtig? Also am besten ist es natürlich, wenn sich Kopf und Bauch mit der getroffenen Entscheidung wohlfühlen und auch im Nachhinein nicht bereuen.

Ihr wollt Tipps, Fakten, Infos und nicht nur so ein ungenaues „Blubb blubb"? Okay, also wir wollen euch ja heute auch etwas mit auf den Weg geben, sodass ihr lernt, selbst die Zügel in der Hand zu haben und eure eigenen Entscheidungen zu treffen, ohne von eurem Umfeld zu sehr beeinflusst zu werden. Passt auf, jetzt wird's interessant. Eine gute Entscheidung läuft in vier Schritten ab:

1. *Erstens: Schafft euch **Entscheidungsklarheit**! Was wollt ihr? Was ist euer Ziel? Wo wollt ihr hin?*
2. *Der zweite Schritt ist denkbar einfach: Überlegt euch, wie geeignete **Alternativen** aussehen können!*
3. ***Was könnt ihr tun, um euer gestecktes Ziel zu erreichen?** Sucht euch Informationen, Material, alles, was einen Lösungsvorschlag darstellt, der zur Vision führen kann. Und jetzt such' ich mir einfach das Beste davon aus? Nein! Trefft keine vorschnellen Entscheidungen, die womöglich vom Ziel wegführen!*
4. ***Zieht zuerst euer Umfeld mit ein!** Und das rechtzeitig!*

Familie, Freunde, Verwandte, Bekannte, sie können sehr hilfreich sein, euch unterstützen. Doch erinnert euch mal zurück, wie oft haben sie euch einen gewaltigen Strich durch die Rechnung gemacht? Deshalb sprecht früh genug mit ihnen und überzeugt sie, werbt für euer Ziel, sodass ihr euch deren Unterstützung sicher sein könnt. Und erst dann solltet ihr die beste Alternative auswählen! Diese Schritte müsst ihr natürlich nicht bei jeder kleinsten Entscheidung durchlaufen, doch gerade wenn es um die Berufswahl, Studienwahl- oder -ort geht oder sonst etwas, was euer Leben, eure Gewohnheiten stark verändern kann, gerade dann solltet ihr diese Schritte berücksichtigen! Dann geht auch nichts mehr schief, ihr findet den Studiengang, der euch Freude bereitet, eure Eltern zahlen die lang ersehnte eigene Wohnung und schon habt ihr euer Ziel erreicht. Ist doch gar nicht so schwer, oder? Also legt los, werdet aktiv und macht was aus eurem Leben! Jetzt habt ihr noch die Zeit und die entsprechenden Möglichkeiten!

ÜBUNG

Aufgabenstellung: Ermutigung schenken / Kurzvortrag
Es ist drei Wochen vor dem Schriftlichen. Die 13.1 ist mal wieder am Durchdrehen. Carolin bittet den Klassenlehrer, in 15 Minuten die zentralen Aussagen zur Zuversicht ihren Klassenkameraden vermitteln zu dürfen.

Schreibe einen ermutigenden Kurzvortrag an die 13.1!

BEISPIEL *Ja, ich weiß, momentan ist es echt total stressig in der Schule. Niemand weiß noch so recht, wo der Kopf steht. Wie soll man das auch alles schaffen? Den ganzen Lernstoff bekommt man doch sowieso nicht mehr eingepaukt. Ich kann euch wirklich verstehen, mir geht es* teilweise auch nicht anders. Doch es gibt ein paar Tipps, wie ihr diese schwere und stressige Zeit trotz allen Problemen gut überstehen könnt!

Die *„drei Hauptstraßen"*. Ja, das klingt kitschig, für manchen von euch vielleicht auch langweilig. Aber hört trotzdem einfach mal zu. Schließlich sitzen wir momentan alle im gleichen Boot, und was mir hilft und Zuversicht schenkt, kann auch für euch eine Hilfe sein:

1. **Versucht einmal eure Umwelt bewusster wahrzunehmen**, eure Mitmenschen. Und ihr werdet merken, dass alle und alles auf seine Weise einzigartig ist! Jeder Tag ist ein Geschenk! Versucht euch das immer wieder ins Gedächtnis zu rufen. Und ganz ehrlich, so schlecht haben wir es nicht! Andere haben tödliche Krankheiten, kein Dach über dem Kopf, kämpfen jeden Tag ums Überleben, haben keine Familie, keine Freunde, keine Unterstützung, haben keine Chance zur Schule zu gehen oder sind arbeitslos! Wir haben uns selbst für diesen Weg entschieden. Den Weg zum Abitur! Also ziehen wir das jetzt auch durch! Wir haben alle das Zeug dazu, schaut doch mal zurück, welchen langen und steinigen Weg ihr schon gemeistert habt! Deswegen kniet euch da rein, lernt, präsentiert, paukt.
2. **Wenn ihr eine Aufgabe findet, der ihr euch hingeben könnt, die euch komplett ausfüllt, an der ihr Spaß habt und kreativ sein könnt, dann geht ihr positiver durch die Welt.**
3. Und zum Schluss noch ein Tipp: **Denkt nicht zu sehr an das, was gestern war**. Es geschehen immer wieder Dinge, die ihr nicht ändern oder rückgängig machen könnt! Akzeptiert das! Die letzte Mathearbeit total versaut? Na und! Die nächste kommt bestimmt und da nehmt ihr eure Chance wahr und macht was draus!

Man nennt dieses positive Denken, die Zuversicht, selbst in scheinbar ausweglosen Situationen einen Sinn zu sehen: **Resilienz**. Ohne mich hier über den grünen Klee zu loben, aber jede Krise, aus der ihr hervorgeht, macht euch noch stärker, wenn ihr das Negative euch zunutze macht und in Leistung umwandelt. Zumindest geht mir das so. Man kann das lernen, ihr müsst euch nur bemühen und euch an die drei „Hauptstraßen" erinnern. Nutzt jede Krise, um euch selbst zu beweisen, es macht euch stärker!

Ich will euch nicht beleidigen, aber euer „nicht resilientes" Verhalten bringt euch viel mehr Nachteile als Vorteile. In allem nur das Negative zu sehen, zu denken, dass die Pechsträhne anhält, was habt ihr davon? Ihr verliert den Blick für das Ganze, versteift euch in eure eigene „ach so schlimme"-Situation und seht irgendwann keinen Sinn mehr. Und es bringt auch nichts, euch einzureden, dass ihr zu dumm seid, dass es eure eigene Schuld ist! Ganz davon abgesehen, dass das völliger Schwachsinn ist!

Ich hoffe, ich konnte euch einen kleinen Anstoß geben, sodass auch ihr lernt, mit schwierigen Situationen umzugehen, und Rückschläge einstecken könnt. Es ist wirklich enorm wichtig resilientes Verhalten zu trainieren, schließlich wird die Abi- Vorbereitungsphase nicht die letzte schwierige Situation sein, die es von euch zu bewältigen gibt! Und ich wünsche wirklich niemandem, womöglich sogar in die Depression zu rutschen! Deswegen:

- **Kopf „hoch"**,
- **Blick nach „vorne"**,
- **Zuversicht „an"!**

Julia Kaiser

Drei Jahre aus Lehrersicht

Das Abi-Jahr ist rum, der Abi-Ball auch, drei gemeinsame Jahre hinterlassen Spuren – positive und negative, ermutigende und demotivierende. In einer ruhigen Stunde, ein paar Wochen später, entstanden die folgenden Gedanken, die Anfang 2013 als „Licht und Schatten aus Lehrersicht" auch in der Zeitung des Berufsschullehrerverbandes erschienen:

Wenn ich ab und zu mal abends oder am Wochenende die Schule betrete, um etwas zu kopieren, mache ich einen kleinen Psychotest, wie meine Seele zur Schule tickt. Ich schließe auf, der mir bekannte Schulgeruch/-mief steigt mir in die Nase, dann achte ich auf das spontane Gefühl, dann weiß ich, wie ich zur Schule stehe: Ich bin gerne Lehrer!

Ich liebe meinen Beruf – aber in Distanz. Distanz bedingt meine Freude am Unterrichten, am Lehrberuf, sie gibt mir Freiraum authentisch zu sein mit einem Stück Unabhängigkeit von den Klassen und den Menschen. Distanz schützt, macht weniger verletzbar, Distanz lässt lachen oder anders: Lachen und Humor bringen nicht nur Farbe in das Grau des Schulalltags, beide lassen das Grau an einen weniger herankommen. Das Grau berührt nicht oder nicht so!

Ich empfinde mein Tun als sinnvoll. Ich bin überzeugt, etwas bewirken zu können! Ich finde diese Lebendigkeit, dieses ständige Gefordertsein in den Grenzen des Machbaren aktivierend. Schule ist für mich Herausforderung des Lebendigen, des Zukünftigen, des Veränderbaren – gegen alle Alltagserfahrung. Und ich bin mitten drin, ich bin Teil dieses Veränderbaren – und gleichzeitig Kontinuum in der wirbelnden Welt.

Ich habe tolle Fächer, die absolut lebendig sind, in denen ich mich irren kann, in denen ich durch Schülerfragen und -gegenpositionen zu neuen Erkenntnissen gelange. Deswegen schätze ich so die 13. Klasse, weil hier dann in gewissem Maße auf Augenhöhe unterrichtet werden kann. In meinen Fächern lerne ich ständig dazu, besonders in Literatur. Ich genieße es in mich hineinhorchend vor der Klasse zu interpretieren. Ich bestreite nicht, ich bin ein wenig stolz, es tut gut interpretatorische Zusammenhänge herzustellen, zu vertiefen, beim Sprechen in vorher nicht vorbereitete Tiefen vorzustoßen, in mal mehr oder weniger wache Augen zu blicken, zuzuschauen, wie alle mitschreiben, wenigstens die meisten, diese konzentrierte Stille, aus der nur heraus ich denkend mein Bestes geben kann.

Schule ist für mich Sport. Ich will gewinnen, ich will immer gewinnen, nicht weil ich muss, sondern weil es einfach Spaß macht gut zu sein, an seine Grenzen zu gehen, alles zu geben, um der Sache, um der Aufgabe, um der Menschen willen. Aber es hat dennoch etwas Spielerisches, Distanziertes. Wer nicht mitspielt, spielt nicht mit. Ich breche bei Null-Punkten-Leistungen nicht in Tränen aus und wer kein' Bock auf Schule hat, soll zu den Maurern gegenüber. Ich biete Leistung, ich engagiere mich, aber ich reibe mich nicht auf! Ich sage klar, was ich wann will, ich arbeite mit präzisen Zeitplänen. Wem die Selbstdisziplin fehlt, hat an diesem Punkt einen deutlichen Lernbedarf, den er zu erbringen hat, nicht ich! Und wer Hilfe braucht, für den bin ich da!

Was mir an Schülern nicht passt, ist das ständige Berechnen der eigenen Leistung. Sie wird mit komplizierten Methoden exakt so dosiert, dass sie zur nächsten Note knapp reicht. Leistung an sich hat etwas Beglückendes, für viele Schüler unvorstellbar. Ich hasse diese minimalistische Einstellung, dieses Billige, diesen Facebook-Horizont, überall drin, aber nirgends dabei, die fehlende Präsenz in der konkreten Gegenwart, diese Umwertung der Werte: Jeder Facebook-Furz lässt rennen, jede Schenck-Mail jedoch pennen! Okay, klar, ich stehe für Schule, für Störung der Freizeit-Bedürfnisse. Ich vermisse oft dieses Stück Leidenschaft, was das Leben so intensiv macht, diese Hingabe an eine Aufgabe, aber auch an einen Menschen, ohne mit einem iPhone in der Hand Mensch und Aufgabe zu verwässern, ihr Tiefe, Herausforderung zu nehmen. Multi-Tasking-Kids, alles gleichzeitig, nur nichts richtig!

Und noch was stört mich: die fehlende Anerkennung! Nein, ich krepiere nicht daran, ich habe sie mir abtrainiert. Ich finde aber Engagement für andere Menschen ohne Lob und Anerkennung nicht dem Menschen gemäß, kurz: unmenschlich. Ich fühle mich benutzt – ohne eigene Wertigkeit. Eine Sache, die man für ein erfolgreiches Abitur braucht, die man ausnutzt, ausquetscht und dann wegwirft. Wertschätzung wird an unserer Schule großgeschrieben, man sollte sie auch leben, gegenseitig, in der Frageposition: Habe ich mich heute schon bedankt? Habe ich bemerkt, was andere für mich tun?

Konkret: Als wir vom Skifahren in Flachau mit der 11. Klasse zurückkamen, hätte ich mich, aber sicherlich auch die anderen Kollegen, ungemein gefreut, wenn nur ein Elternteil, ein Elternteil von den 45 Kindern sich bei uns bedankt hätte. Wir haben ihre Kinder gesund wiedergebracht, das ist nicht selbstverständlich. Wir haben uns bemüht, wir haben ihnen die Kurventechnik gezeigt, ihnen geholfen, sie aufgehoben, beim Arzt gesessen. Wir haben geschaut, dass es ihnen gefällt, gutgeht, sie sich wohl fühlen. Unterrichten ist die ruhigere Kugel im Vergleich zum Schullandheim! Abi-Ball ist wie Weihnachten, mit Erwartungen und Gefühlen überfrachtet, hier habe ich meine Sehnsucht nach Anerkennung noch nicht abtrainieren können. Es ist für mich fast unerträglich, dass man am Ende von drei Jahren aufgedonnert rumrennt, aber seine „alten" Lehrer kaum noch kennt. Und manche verdanken doch nur uns, aber wirklich nur unserem Einsatz, dass sie vorne ihr Zeugnis abholen können. Kein persönlicher Dank, auch kein persönlicher Dank von Eltern, kein Verabschieden. Himmel noch mal, wir haben drei Jahre für euch gekämpft, da sitzt ihr an euren Tischen und feiert wie blöd euch selbst, aber letztendlich ohne die zu bedenken, die euch dieses Abi-Feiern erst ermöglichten! Was den meisten Schülern nicht klar ist, der Abi-Ball, die Abi-Zeitung ist der letzte Eindruck und mit einem Schlag sind drei erfolgreiche und oft schöne Jahre nach so einem Abend wie weggeätzt!

These, Antithese, Synthese: Vieles stört mich massiv, besonders die Passivität, die Gleichgültigkeit, die Verantwortungslosigkeit für das eigene Leben, dieses Hinwegtrampeln über Lebenschancen... und doch gehe ich meist mit Freude in die Schule und bin ein bisschen stolz auf meine Schüler. Sie können mich noch immer mit guten Hausarbeiten, schön gestalteten Kopiervorlagen, ideenreichen Präsentationen begeistern. Ich finde Schule ganz einfach spannend, Abi-Ball hin, Abi-Zeitung her. Ich schätze den herzlichen Gruß, das spontane Auf-mich-Zugehen, die Freude, das Lachen, ich liebe dieses Leben, ich würde wieder Lehrer werden und möchte es noch lange sein!

Klaus Schenck

Link zum BLV-Artikel:
→ http://www.klausschenck.de/ks/downloads/h76-lehrerartikelblv.pdf

 Meine Pädagogik-Veröffentlichungen finden sich chronologisch geordnet auf meiner Homepage unter „Artikel/Pädagogik", Link:
→ http://www.klausschenck.de/ks/veroeffentlichungen/paedagogik/index.html

Uni-Tipps: Eine Studentin packt aus!

An einem Freitag ist Carolin Keller, zwanzig Jahre alt, Jurastudentin und ehemalige „Schenck-Schülerin", bei uns am Wirtschafts-Gymnasium zu Gast. Ihre Aufgabe lautet, die Schüler in das Leben eines Studenten einzuweihen, genauer zu informieren über einen Schritt, den viele nach dem Abitur gehen werden: Das Leben an der Uni. Die Schüler können die Fragen stellen, die sie schon immer genauer wissen wollten. Das Gespräch gliedert sich in die drei unten aufgeführten Teile. Hier habt ihr sie! Die besten Tipps von einer Studentin. So könnt ihr euch, aber auch die Lehrer euch auf das Uni-Leben vorbereiten:

TIPPS **Tipps für das Studium**

Der perfekte Lehrer	Schule: Wann bereitet sie dich gut vor?	Regeln, um die Uni zu überleben!
• **Zwischenmenschliches** Gute Laune steckt an, Fairness, Respekt von beiden Seiten, ab und zu auch mal ein Lob aussprechen	• **Hausarbeiten & Kopiervorlagen** Auf keinen Fall das, was Schülern Spaß macht! Aber man lernt Disziplin und auch, wie man mit Druck umgeht.	• Lehne dich niemals auf deinen **Abiturnoten** zurück. Die interessieren nach der Aufnahme an die Uni keinen mehr!

Der perfekte Lehrer	Schule: Wann bereitet sie dich gut vor?	Regeln, um die Uni zu überleben!
• **Druck** Forderung ohne Über-forderung!	• **Mitschreiben!** Für die Technik-Freaks unter uns: sogar mit Laptop und Tablet	• Am Ball bleiben!
• **Faire Klassenarbeiten** 15-Punkte-Fragen zulassen!	• **Themen erarbeiten lassen** Selbstständigkeit	• **Uni-Freizeit-Angebote annehmen** (Zusatzkurse etc.)
• **Kritikfähigkeit & Ver-besserungsvorschläge** annehmen	• **Gruppenarbeit** Aufteilung in starke und schwache Grup-pen, nur die schwä-cheren brauchen dann Lehrer-Hilfe!	• **Du** bist dein einziger Kontrolleur!
• **Kreativer Unterricht** Frontalunterricht ist OUT!	• **Handouts** Erleichtern das Lernen enorm!	• **Druck, Disziplin** und **Durchhaltevermögen** in Prüfungsphasen!
	• No Phone!	• Es wird **keine Rück-sicht** auf deine Fehler genommen!
	• **Einseitige Beschrif-tung der Klausuren!** An der Uni werden Blätter andernfalls ignoriert!	• Handy = Ablenkung
		• In einer **WG** lebt es sich gut! Man ist nie alleine!

Bewerbung: Kurz-Überblick

von Debora Eger

1. Phase: Finde deinen Traumberuf

In Deutschland gibt es über 400 verschiede Berufe. Wie soll man da nur einen Überblick gewinnen?

Möglicherweise trennen dich noch einige Jahre von deinem Schulabschluss und dem damit verbundenen Kampf um einen Job. Vielleicht kennst du sie, diese weit verbreitete „Wir haben doch noch Zeit"-Einstellung, die jedes Jahr etlichen Schülern viele verlorene Jahre einbringt. Vergiss nicht, die Zukunft ist nicht weit weg!

Möglicherweise sind es aber auch nur noch wenige Monate, bis du die Schulbank verlassen darfst. Ab in die Freiheit, endlich ist es soweit. Doch was kommt jetzt? Nur noch wenige Wochen bis zu den Abiturprüfungen, dennoch haben viele meiner Klassenkameraden keine Ahnung, was auf sie zukommt, was sie machen werden, geschweige denn, was sie wollen. Während die Zeit immer knapper wird, gehen viele weiter davon aus, der Traumjob werde sie schon finden, irgendwann. Wer diese Wunschvorstellung hinter sich lassen will, dem bleibt nur: Analysieren! Informieren!

Befrage Freunde und Bekannte, besuche Informationsveranstaltungen, durchsuche das Internet, lasse dich auf eine Beratung ein oder mache einen Orientierungstest, aber erwarte keinen Geistesblitz. Selbst wenn all dies dir vielleicht nicht direkt weiterhelfen wird, du setzt dich mit dem Thema „Berufe" auseinander und kommst deinem Ziel automatisch einen Schritt näher.

Die richtige Berufswahl benötigt schlichtweg Zeit zur Selbstanalyse. In Ruhe solltest du dir Gedanken über deine Interessen und Fähigkeiten machen. Bist du gerne künstlerisch aktiv und willst dich in deinem Beruf kreativ entfalten können oder bist du eher der Typ, der gerne klaren Strukturen folgt?

Was sind deine Stärken und was kannst du überhaupt nicht gut? Vor großem Publikum sprechen, Interessenten begeistern, mit Zahlen jonglieren … Nicht jeder kann alles, daher ist es bei dieser Analyse besonders wichtig, dass man ehrlich zu sich selbst ist. Ansonsten wird man nie einen Beruf finden, der wirklich Spaß macht.

Computerspezialist? Kinderbetreuer? Kaum ein Beruf wird all deine Wünsche erfüllen. Nun heißt es abwägen. Später hilft noch ein einfacher Trick: Verbringe einige Tage mit der Überzeugung, dass du genau diese Ausbildung, dieses Studium ergreifen willst. In Gesprächen mit anderen wirst du auf Kriterien treffen, die du zuvor nie beachtet hast. Du wirst auf Zweifel und ganz neue Aspekte stoßen, dich tiefer damit auseinandersetzen, die Vorstellung schnell hinwerfen oder dich voll dafür begeistern lassen.

Als letzter hilfreicher Schritt zur Entscheidung bleibt das Praktikum. Es kann dir nicht nur in deiner momentanen Situation helfen, sondern auch bei der Bewerbung, wo Erfahrene generell einen besseren Eindruck machen. Viele Unternehmen bieten auch Aktionen, wie zum Beispiel den „Tag der offenen Tür" an oder sind auf Messen vertreten.

Diese Chancen solltest du unbedingt nutzen, auch wenn du schon einen scheinbar passenden Beruf gefunden hast. Es gibt nie die Garantie, dass du deinen Traumberuf ausüben kannst. Daher ist es der größte Fehler, sich nur auf einen Berufswunsch zu fixieren und nicht noch nach weiteren Alternativen zu suchen.

2. Phase: Bewerbungsschreiben

Stellen wir uns einmal die Situation aus Sicht der Personalabteilung vor: Aus den hunderten Bewerbungen ist es unsere Aufgabe, diejenigen herauszufiltern, die zu unserem Unternehmen passen und das, obwohl als Grundlage nur Bewerbungsdokumente dienen, die sich doch irgendwie alle ähnlich sehen. Auf den ersten Blick herausstechen? Das ist bei den wenigsten der Fall. Wie gehen wir also vor?

Viele Unternehmen nutzen zur Entscheidungsfindung das Shortcut-Verfahren, bei dem festgesetzte Kriterien mit Punkten zwischen 1 (schlecht) und 5 (gut) bewertet werden.

Shortcut-Kriterien
- Zeugnisse
- Außerschulische Aktivitäten
  → Sport, Vereine, Organisationen...
- Bewerbungsform
  ansprechend?
  vollständig?
- Anschreiben
  aufrichtiges Interesse oder nur Notlösung?
- Praktische Erfahrungen
  Praktika, Nebenjob...

Der häufig bleibende erste Eindruck wird aus der Bewerbungsform gewonnen, bei der neben der Vollständigkeit vor allem von Bedeutung ist, wie ansprechend die Bewerbung gestaltet ist. Gerade in Raucherhaushalten sollte besonders darauf geachtet werden, eine geruchsneutrale Bewerbung abzuschicken, um nicht von vorneherein negativ aufzufallen.

Grundsätzlich sind aber alle Bereiche von gleicher Bedeutung dafür, ob man eine weitere Chance bekommt, von sich zu überzeugen. Die Schulnoten werden nicht mehr gewichtet als außerschulisches Engagement oder Praktika. So bekommen auch Schüler eine Chance, die sich in Vereinen engagieren oder einen Nebenjob haben. Im Zweifelsfall entscheiden sich viele Unternehmen oft eher für den Schüler, der mit seiner Aufgabe als Leiter eines Kinderprogramms ein gutes Sozialverhalten beweist, aber dafür mal die eine oder andere Arbeit vermasselt hat, als für denjenigen Schüler mit dem Einser-Abi, der nie etwas anderes als Lernkärtchen selbst in die Hand genommen hat.

Dennoch sind Noten keinesfalls unwichtig. Über sie gewinnen die Personaler einen Eindruck über den individuellen Forderungsstand und die Belastbarkeit. Um zu verhindern, dass ein falscher Eindruck durch einen vorübergehenden Leistungsabfall entsteht, empfiehlt es sich, bei der Bewerbung die letzten drei Zeugnisse beizulegen.

Wer aus diesem Bewerbungsschritt nicht erfolgreich hervorgehen kann und nun ein beschäftigungsfreies Jahr vor sich liegen hat, kann nach einem vergüteten Jahrespraktikum anfragen und damit seine Chancen für das nächste Jahr steigern.

3. Phase: E-Mail & Online-Bewerbung

Während die Zeit immer schneller zu rennen scheint, sind immer mehr Unternehmen bereit, neben der traditionellen Bewerbung auf dem Postweg auch Bewerbungen über das Internet anzunehmen. Kostengünstiger, schneller, aber leider nicht weniger Aufwand, denn auch bei diesem Bewerbungsverfahren musst du Anschreiben sowie Lebenslauf aufsetzen und zusätzlich Zeugnisse und sonstige Anlagen einscannen.

Während einige große Unternehmen Online-Formulare anbieten, bewirbst du dich bei anderen über E-Mail. Erkundige dich davor aber immer, wie dein Wunschunternehmen zu diesen digitalen Bewerbungen steht. Schließlich bevorzugen es viele Personaler, eine fassbare Bewerbung vor sich liegen zu haben. Ein absolutes „No-Go" unter **E-Mail-Bewerbungen** sind Serienmails. Jede deiner E-Mail-Bewerbung sollte den Verantwortlichen des Unternehmens namentlich ansprechen. Auch das Verwenden einer unseriösen E-Mail-Adresse, wie man sie oft erstellt, um sich bei Communities anzumelden, macht keinen guten Eindruck. Genauso ist es nicht rat-

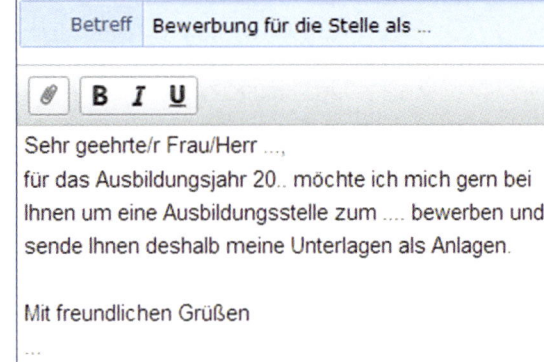

sam, lediglich eine leere Mail mit deinen Bewerbungsunterlagen im Anhang zu verschicken. Schreibe also lieber noch einen kurzen Fließtext. Dieser sollte aus einer Anrede, der kurzen Nennung deiner Wunschausbildungsstelle und einem Verweis auf die Dateien in der Mail-Anlage bestehen. Diese Anlagen verschickst du am besten im pdf-Format und unter zwei Megabytes. Sinnvoll ist es auch für derartige Bewerbungsmails eine Signatur mit deinen wichtigsten Kontaktdaten einzufügen.

Bei **Online-Bewerbungen über Formulare** auf der Homepage eines Unternehmens achte darauf, dass du alle Felder aufmerksam und vollständig ausfüllst. Hierbei kannst du einerseits nach Daten, aber auch nach deiner Motivation oder deinen Stärken gefragt werden. Es ist immer sinnvoll dein ausgefülltes Formular für dich selbst auszudrucken, damit du bei einem Bewerbungsgespräch auch noch weißt, was du über dich geschrieben hast. Manche Unternehmen ersetzen mit diesen Formularen Anschreiben oder Lebenslauf, bei manchen musst du trotzdem alle üblichen Bewerbungsunterlagen hochladen. Darüber, was dein Unternehmen von dir erwartet, wirst du vor dem Start des Formulars erfahren.

Wenn du nun alle deine Daten an das Unternehmen weitergeleitet hast, solltest du eine Bestätigungsmail erhalten. Ist dies nicht der Fall, informiere dich nach spätestens vier Tagen per Telefon, ob alles richtig gelaufen ist.

Letztendlich zeigt die Bewerbung über das Internet dem Unternehmen, dass du mit der Zeit gehst, und gilt als schnellere Alternative. Jedoch nimmt die Vorbereitung grundsätzlich sogar mehr Zeit in Anspruch als die traditionelle Bewerbung und so musst du im Falle der Wahlmöglichkeit selbst entscheiden, welche Bewerbungsweg für dich selbst der richtige ist.

4. Phase: Assessment-Center

Wenn der Personalleitung von 500 Bewerbungen 150 positiv auffallen, bedeutet dies bei einer gewöhnlichen Mindestdauer von 30 Minuten bei Bewerbungsgesprächen 4500 Minuten, 75 Stunden, 9 Arbeitstage für das Unternehmen. Da sich dies selbst die führenden Unternehmen nicht leisten können, müssen sich immer mehr Bewerber auf Kennenlerntage oder das überall gefürchtete Assessment Center vorbereiten.

Die 150 Bewerber durchlaufen also in kleinen Gruppen verschiedene Stationen im Unternehmen, müssen Herausforderungen meistern und werden bewertet. Bei Simulationen typischer Abläufe im Unternehmen lässt sich leicht erkennen, ob ein Bewerber den geforderten Aufgaben gerecht werden kann. Wenn du dich in der Bekleidungsbranche bewirbst, wird von dir erwartet, dass du in der Lage bist, auf die Wünsche des Kunden einzugehen, ohne diesem etwas aufzudrängen. Bei derartigen Rollenspielen mit Kundenkontakt ist Einfühlungsvermögen und Geduld mit schwierigen Kunden gefragt. Im Hotelgewerbe müsstest du möglicherweise beweisen, dass du Beschwerden kompetent entgegennehmen, eine Lösung finden oder auch in Fremdsprachen beraten kannst.

Nicht nur du gewinnst so selbst einen Einblick in den Berufsalltag, auch das Unternehmen lernt dich und deine Reaktionen besser einzuschätzen. So kann es auch passieren, dass du zwar in deinem beworbenen Bereich abgelehnt wirst, dir aber eine andere Stelle angeboten wird, die viel besser zu dir passt.

Neben diesen Rollenspielen solltest du ebenso auf Diskussionsrunden vorbereitet sein. Oftmals will die Personalleitung sehen, wie du deine Meinung präsentierst, wie du auf dein Gegenüber eingehst und inwieweit du kompromissbereit bist. Bewirbst du dich nun im Bankwesen, kann ein mögliches Diskussionsthema die Einführung einer Kreditkarte für Jugendliche ab 16 sein. Lass deiner Fantasie freien Lauf und dir fallen für deinen eigenen Traumberuf sicher einige Szenarien ein, auf die du dich vorbereiten kannst.

Aber auch auf Konzentrations- und Wissenstests musst du dich einstellen. Die Bank will vielleicht sehen, wie viel du mit Geldscheinen anderer Länder anfangen kannst, was du über das deutsche Bankensystem weißt oder einfach dein Allgemeinwissen auf die Probe stellen. Auch deine mathematischen Fähigkeiten, Umgang mit Computern oder speziellen Programmen wie Excel können getestet und in deine Beurteilung miteinfließen.

So abschreckend all dies auch wirken mag, letztendlich ist es mehr als nur eine Zeitersparnis für das Unternehmen. Diese Tage ermöglichen dem Unternehmen eine bessere Einschätzung deiner Fähigkeiten und du gewinnst einen realistischen Einblick in den dir möglicherweise bevorstehenden Arbeitsablauf und verschiedene Extremsituationen, wobei du dir auch selbst bewusst werden sollst, ob du diesen gewachsen bist.

5. Phase: Bewerbungsgespräche

In der letzten Runde geht es für die, die positiv aufgefallen sind, zum Bewerbungsgespräch. Dieser Bewerbungsbestandteil dient in erster Linie dazu, Erwartungen abzugleichen, also zu verhindern, dass sich die Bewerber mit völlig falschen Vorstellungen in einen Beruf stürzen, der sie unglücklich machen würde. „Bewerbungsgespräche sind Übungssache." Aus diesem Gedankengang entsteht die logische Schlussfolgerung, dass man bei kleinen Unternehmen anfangen und nicht total unerfahren zum Bewerbungsgespräch beim Traumunternehmen gehen sollte.

Grundsätzlich gilt für jedes Bewerbungsgespräche ein gepflegtes Äußeres, das keine Spuren von durchgemachten Partynächten erahnen lässt, ordentliche Kleidung und natürlich Pünktlichkeit. Wenn es nun wirklich nicht zu umgehen ist, plötzlich alle Straßen gesperrt sind oder du in einen Unfall verwickelt bist, lasse das Unternehmen nicht ahnungslos warten und informiere sie über deine Situation. Die Personaler wollen im Gespräch in erster Linie die Beweggründe für deine Berufswahl erfahren und sehen, wie sehr du dich bereits mit dem Beruf sowie Unternehmen auseinandergesetzt hast.

Der persönliche Eindruck, den die Personaler von einem erhalten, kann durch ein paar kleine Tricks noch besser werden:

TIPPS — Trick 1

Mit einem **magischen Lächeln** auf den Lippen kann man auch peinliche Situationen überstehen. Zudem wirkt man sympathisch und öffnet sich automatisch selbst Türen in Richtung Wunsch-Stelle.

— Trick 2

Achte auf deine **Körperhaltung als Werbestrategie**. Sie verrät deine Unsicherheit oder drückt dein Selbstbewusstsein aus.

— Trick 3

Aufregung ist voll okay. Du kannst sie offen ansprechen, Personaler verstehen dies. Akzeptiere deine Aufregung, aber lass sie dennoch nicht die Überhand gewinnen. Also, tief durchatmen vor dem Gespräch und ruhig bleiben. Beinahe jeder ist aufgeregt.

— Trick 4

Wenn du auf eine Frage keine Antwort hast, versuche dich nicht in Floskeln zu verrennen. Nehme dir lieber eine **kurze Pause zum Überlegen**, auch dies ist total in Ordnung.

— Trick 5

Um viele unangenehme Fragen zu vermeiden, erzähle einfach von dir aus schon viel über dich. So bleibt den Personalern nicht mehr viel zu fragen, du wirkst **offen und kontaktfreudig**.

— Trick 6

Von sich aus **seine Schwächen** anzusprechen ist nicht immer ratsam. Allerdings ist es immer besser, sie thematisiert zu haben, bevor sie zu einem Problem werden. Vielleicht kann das Unternehmen dir helfen, dir Vorschläge machen oder Sicherungen anbieten.

— Trick 7

Trau dich und **stelle Fragen**, denn so zeigst du Interesse.

WARNUNG

Am Ende eines Bewerbungsgesprächs keine Fragen zu haben, kann nicht sein und ist ein absolutes „No-Go".

BEISPIEL

Beispiele für Fragen:
- *Wie sind die Übernahmemöglichkeiten, z.B. nach dem Studium?*
- *Wie sind die Arbeitszeiten?*
- *Gibt es eine Probezeit?*
- *Wie hoch ist das Gehalt? (Diese Frage sollte niemals die erste Frage sein, die man stellt)*

Weiterführende Links:
Die Bewerbungsunterlagen im Einzelnen
→ http://www.bange-verlag.de/uploads/Abi_Trainer_BW/bewerbungsunterlagen.pdf

Nein, jetzt kommt keine Stellungnahme wie die meiner Schüler nach der ersten großen Hausarbeit in Literatur. Du erinnerst dich vielleicht noch daran im Kapitel „Hausarbeiten".

Ich machte es anders als die meisten Schüler, ich fing sofort mit dem Buch an. Dass dann noch Debora mit einstieg, war natürlich ein Glücksfall. Ich brauchte aber erst ein bis zwei Hundewege, bis ich auf die Idee kam, Debora zu fragen – überzeugen musste ich sie nicht. Mit ihr und ihrer Kritik im Hintergrund war mir klar, das Buch wird schülergerecht! Ihr nochmals ein herzliches Dankeschön! Du siehst hier ein Foto von uns beiden auf dem Abi-Ball, Debora bekam von mir die Urkunde der Schule für ihr großartiges Engagement bei der Schülerzeitung.

Die Sommer-Ferien 2014 waren dank dieser kreativen Buch-Herausforderung beglückend, und nicht nur, weil ich den vielen Regentagen Sinn abgetrotzt hatte. In Ruhe und Muße sich ganz einer Sache hinzugeben, in ihr aufzugehen, für viele Stunden mit ihr eins zu werden, macht diese Zeit zu einer wertvollen, die noch lange Sinn gebend das Grau des Schulalltags verändern wird. Schade, dass vermutlich du, auf jeden Fall der Großteil meiner Schüler zu spät mit allem anfangen und so Freude und Begeisterung durch Stress, Druck und Panik „morden"!

Aber auch Rocky ist erleichtert! Endlich genießen wir beide wieder gemeinsam unsere Rasenfläche bei der Wohnung.

Dir nach dem sicherlich erfolgreichen Abitur für deine Zukunft alles Gute!

Klaus Schenck